慢 直 播

——融合时代的传播创新

汪文斌　胡正荣　康秋洁　著

中国广播影视出版社

图书在版编目（CIP）数据

慢直播：融合时代的传播创新 / 汪文斌，胡正荣，康秋洁著. -- 北京：中国广播影视出版社，2024.3

ISBN 978-7-5043-9187-2

Ⅰ. ①慢… Ⅱ. ①汪… ②胡… ③康… Ⅲ. ①网络营销 Ⅳ. ①F713.365.2

中国国家版本馆 CIP 数据核字（2024）第 027868 号

慢直播——融合时代的传播创新

汪文斌　胡正荣　康秋洁　著

责任编辑	许珊珊	
封面设计	吴　睿	
责任校对	张　哲	

出版发行　中国广播影视出版社

电　　话　010－86093580　010－86093583

社　　址　北京市西城区真武庙二条 9 号

邮　　编　100045

网　　址　www.crtp.com.cn

电子信箱　crtp8@sina.com

经　　销　全国各地新华书店

印　　刷　天津和萱印刷有限公司

开　　本　710 毫米×1000 毫米　1/16

字　　数　205（千）字

印　　张　12.5

版　　次　2024 年 3 月第 1 版　2024 年 3 月第 1 次印刷

书　　号　ISBN 978-7-5043-9187-2

定　　价　68.00 元

前　言

随着互联网的发展，新兴媒体快速崛起。2014 年，传统媒体与新兴媒体的融合发展就被明确提出并上升为国家战略。媒体融合不仅成为主流媒体发展的根本要求，更成为传媒行业关注、研究继而深入实践的重点领域。随着媒体融合的逐步深入，各级主流媒体积极探索打造新型媒体的模式和路径，并已从认知和实践两个层面彰显出巨大的活力和能量。

从认知层面来看，以符合互联网发展规律的思维体系引领媒体融合发展方式转变，已经成为主流媒体的思想自觉。具体的变化体现在：

一是从观众思维实现向用户思维的转变。主流媒体意识到必须改变单向传播模式，增强与受众的互动，将传统传播优势转变为新媒体传播优势，将受众转变为用户。

二是从内容思维实现向产品思维的转变。当传播变为双向后，信息接收从单纯的"看和听"向"用"转变，媒体必须提供可以"用"的内容而不是仅仅能"看"的内容。

三是从技术支撑思维实现向技术引领思维的转变。技术是新媒体发展的根基。新技术的研发与应用往往直接推动媒体进行不同层面的转型与升级，推动媒体融合发展必须坚持内容和技术双轮驱动。

四是从生产思维实现向运营思维的转变。互联网三分靠产品，七分靠运营。原来受众单向接收的内容，已经成为能与用户双向互动的产品，媒体亟待补上运营这一门互联网的必修课。

五是从平台思维实现向生态思维的转变。单纯的内容已无法满足用户日益增长的精神文化需求，媒体必须从原来仅提供内容转变为提供"内容＋服务"，并打造一个开放聚合的新型生态圈。

从实践层面来看，在过去的十年时间里，媒体发展的环境、条件、任务、要求等都发生了全新的变化。传播渠道、传播终端、传播方式的改变，导致

1

媒体自身形态也发生了巨大的更迭和变革，依赖单一载体传播的媒体机构基本消失，基于网络的信息和内容传播成为主流。新技术既是媒体融合的第一推动力，更是主流媒体"弯道超车"最重要的机遇。以5G、4K、AI等引领的信息传输、视频播放以及大数据、云计算等前沿技术，推动媒体特别是视频行业产生了巨大变革。5G高带宽、低时延、大连接的技术特性，促发了移动视频、物联网等的普及应用，引爆了无延迟、沉浸式、互动式视频新应用。4K、VR/AR技术则从视频显示与交互技术角度推动供给侧改革，为用户提供沉浸式新体验。智能媒体云、云端智能机器人、智能终端在不断强化以用户为中心的智能化媒体应用服务，为智能生产、智能推送赋能。在这个过程中，拥有海量内容优势、品牌优势、人才优势的传统媒体国家队率先投入，引领技术潮流并带动传统媒体整体转型升级，并因此成为技术革新的最大受益者。

在媒体融合的进程中，内容始终是主流媒体连接用户、留住用户的"最后一公里"。随着主流媒体的媒体融合认知与实践不断走向深入，媒体融合的成果最终体现在与用户紧密连接的内容产品上。近年来，主流媒体通过整合多方创作力量，推动话语体系的转变，积极打造融合传播新产品，进一步拉近符合主流价值观的内容与广大受众之间的距离。这种变化一方面体现在表达方式的创新上，主流媒体将"庙堂之音"转化成民间语言，用"Z世代"的网言网语把深奥的道理说浅显，把晦涩的理论讲通俗；而另一方面则体现在形态的创新上，主流媒体主动契合当下移动化、微型化、轻量化、碎片化的传播特征，以短视频、移动直播等方式走近用户、留住用户。

更为重要的是，随着受众对于短视频、移动直播等创新形态的接受、熟知与喜爱，越来越多满足用户需求、顺应社会变化的优秀作品在涌现。由此触发了内容产品的供给侧变革，越来越多的传统媒体人和爱好者开始专门从事相关的内容生产，进而完成了从"输出形态到形成业态，从形态创新到业态创新"的巨大转变，并反过来成为驱动媒体融合走向更深层次的重要力量。业态的创新给了我们进一步深入理解媒体融合、准确把握媒体融合发展走向的全新视角，这也成为我们编著本系列丛书的逻辑起点。本系列丛书选取了近年来业界和用户都颇为关注的几种业态，以期能够给从业者提供比较完整的业态发展脉络，同时用基于不同业态涌现出的优秀案例为从业者提供用以实践的宝贵经验。

在这些业态中，短视频和慢直播是我们必须重点关注和研究的。

短视频是产生于移动互联网时代的媒介新形态，视频长度以秒计数，时长多在5分钟之内，具有移动、门槛低、轻量、社交属性强等特点。短视频应用一举打破了用户使用的年龄和文化壁垒。早期国内的 UGC 视频生产平台曾加速了短视频形态的出现，如优酷、土豆和搜狐视频。而短视频的正式发展期在 2010 年之后，2012 年快手由制作和分享动态图片的平台转型成为短视频平台。2013 年则被业界称为短视频元年，众多高质量的短视频应用在这一年纷纷上线，如腾讯的微视、新浪的秒拍。之后，抖音、梨视频于 2016 年上线。2017 年以后，短视频的市场格局逐渐从头部应用向多元化发展，开始了高速发展。

慢直播是进入互联网传播时代后视觉传播形态发展的高级形式。在直播的众多内容形态中，慢直播独树一帜，以"慢"为核心特色，以无设计、无编辑、无剪辑的自然时态呈现对象及现场，通过降低传播主体干预进而提升传播内容的真实性和自然态，过程中突出受众的沉浸式体验和代入感诉求。早在 2013 年，国内熊猫频道就勇开了慢直播先河。而随着传播技术发展和传媒市场升级，融合传播的大趋势也为慢直播的创新升级提供了更多的可能性。2020 年抗疫期间，武汉"两山医院"建设"云监工"就形成了全国范围内一次基于慢直播的传播爆款，获得了广大用户的认可和喜爱。

除以上两种业态外，直播电商、电子竞技等也值得我们关注。如，新技术应用直接推动了消费体验的升级，以拼多多为代表的 C2M、C2B 模式电商平台，以及直播电商、社交电商、线上线下融合供应链等新业态的出现更好地满足了受众消费多元化、内容个性化、消费决策去中心化等需求，拓宽了媒体的实践思路，带来了新一轮增长契机。又如，中国已经成为全球最大的电竞市场。2003 年，电竞被列为正式体育竞赛项目，2019 年更成为人力资源和社会保障部发布的 13 个新职业之一。2023 年杭州亚运会也将电竞设立为比赛项目。可以预见，随着未来政策的持续放宽和行业规则的完善，电竞产业具有较大的发展潜力。这些新形态、新业态的出现进一步扩宽了媒体融合的实践领域，成为媒体融合未来发展的巨大增长空间。

可以预见，随着《中华人民共和国国民经济和社会发展第十四个五年规划和 2035 年远景目标纲要》的发布，随着党的二十大精神不断深入贯彻，媒体融合再次迎来了升级发展的全新契机。我们也更加期待未来新技术、新产品、新业态的加速迭代和不断涌现，最终迎来加快媒体深度融合发展健康有序、生机勃勃的全新气象。

胡正荣，教授、博士生导师
中国社会科学院新闻与传播研究所所长
中国社会科学院大学新闻传播学院院长

目　录

第一章 一个新的传播时代

习近平总书记在中共中央政治局第三十次集体学习时强调，讲好中国故事，传播好中国声音，展示真实、立体、全面的中国，是加强我国国际传播能力建设的重要任务。党的十九大报告指出，要"推进国际传播能力建设，讲好中国故事，展现真实、立体、全面的中国，提高国家文化软实力"。党的十九届五中全会进一步强调"以讲好中国故事为着力点，创新推进国际传播，加强对外文化交流和多层次文明对话"。不断变化的新形势对中国在传播领域的学科研究和实践工作都提出了更新更高的要求。要获得与我国经济社会发展相匹配的国际话语权，我们必须构建现代国际传播新体系，推出务实有效的新举措，加强顶层设计、议题设置、队伍建设和政策保障，打造渠道创新、内容丰富、网络健全、主体多元的对外传播格局，为改革发展的稳定营造有利的外部舆论环境，为推动构建人类命运共同体提供有力的舆论支持与环境保障。

在此背景下，中国的主流媒体、传播机构肩负着深化国际传播能力建设、提升国际话语权和国际影响力的重要任务。在"坚持国家站位、全球视野"的基本点上，以中央广播电视总台为代表的中国媒体，提出了"守正创新"——守正为本、创新为要的方向原则，扎实推进融合向纵深发展，以实现"重塑外宣业务、重整外宣流程、重构外宣格局"的重要目标。如何守"内容品质"之正，创"技术引领、融合传播"之新？需要从根本上对当前的传播格局、传播技术、传播环境和传播市场有深刻的把握，进而在态势、趋势的宏观视野指导下切实关照自身的传播实践，力图在前瞻性、战略性的层面理解当前传播领域的基本面与未来一段时期内的发展面。具体来说，关照以慢直播为代表的融合传播创新形态，推动从传播实践到模式路径的理论归纳与界定厘清，对于系统审思传播的形态发展与理念创新具有重要的范式价值。

第一节　传播格局更迭

当今中国，面临着百年未有之大变局。中国的传播工作也面临着传播格局的变局之势。从具体指征来看，技术的升级、环境的变化、市场的演变，都是传播格局变革的构成要素。而从整体的宏观背景来说，当前传播工作面临的最大格局变化，就是在全球化不断深入的背景下全面进入传播全球化的3.0阶段。

一、传播的全球化趋势

人类是迁徙的动物，定居和迁徙织就了人类历史的骨架。如果说人类在定居中形成了民族，建立了国家，为历史划定了基础的界限，那么迁徙则以互动的形式打破了这种界限，进而推动了历史的进步和社会的进化。当人类的迁徙超越了民族和国家的界限，世界开始从一个个相对孤立的区域连结成一个关系密切的整体，全球化的进程开始了。因此，从宏观历史的角度，全球化虽然是比较晚近的概念，但其进程伴随着人类历史发展的全过程。而且，尽管全球化概念是由西方提出的，但全球化不等于西方化，在其缓慢的进程中，亚洲、非洲、拉美等地区同样可以，而且必须以不同方式、不同程度参与其中。

近代以来，全球化的速率得到了空前的提高。我们缩小历史的观察口径，可以从人类对世界的认知词汇中感受全球化进程的加快，发现全球化内涵的变化。在西方近代历史的前夜，16世纪的欧洲学者在对国际法的研究中开始使用国际（international）一词，标志着人们不再紧紧盯住本国的商贸、赋税，转而将目光投向国家之间。事实上，1648年威斯特伐利亚体系的建立，也标志着国际关系正式成为国家的一项极其重要的政治考量。19世纪到20世纪中期，全球化的进程开始以扩张为关键词，"世界"（world）一词开始使用。经济上，随着工业革命的跨国界普及和深入，各国间经济联系日益紧密，不仅形成了以西方国家为中心的世界经济体系，而且越来越多的边缘落后国家和地区也被强制性地裹挟进来。政治上，殖民扩张成为主题，两次世界大战也爆发于这一时期。"全球化"（globalization）一词是美国人在1944年开始使用的，20世纪60年代以后开始广泛使用。[①] 到20世

---

① 尹鸿、李彬：《全球化与大众传媒：冲突、融合、互动》，清华大学出版社，2002，第3页。

纪末，全球化的现代意义已经被普遍接受了，含义也从最初的跨越国界、地理空间扩大，进化到包含了经济、政治、文化等多个领域的一体化进程。全球化既体现了人们对于世界地理空间的认知，也体现了人们对世界机理的理解。从国际到世界再到全球化，人们的地理空间认知经历了从小到大的变化，心理空间认知又经历了从大到小的变化。如果说从"国际化"到"世界化"是一种从单一线条到二维平面的变化，那么"全球化"时代的到来则体现了一种三维立体式的进化。从此，世界不再只是简单的机械连接，而是完成了深层的有机融合。这种机理性的变化，凸显为全球化进程中各种各样的界限被打破，原有的民族国家体系受到挑战，国家力量日益消解，非国家元素崛起，进而促使日益个体化的权力意识觉醒。"中央分权对于全球化时代的治理变得极为重要。"①

在全球化进程中，经济全球化首当其冲，其也是人们对于全球化最直观的感受。国际贸易规模扩大，国际资本流速加快，跨国公司成为国际经济运作的主角，同时各类区域经济一体化组织层出不穷。但正如上文所说，全球化是各个层面的深层融合。在经济全球化深入的同时，各国间密切的经济联系又推动了政治联系的加强。政治一体化进程加快，各国间协同一致的政治行为成为国际主流，单边主义逐渐失去市场。与此同时，各国间文化交流的密切也使文化全球化成为风靡一时的话题。具体表现为各国、各民族之间意识形态分歧的弱化，价值观共通性的提高。需要指出的是，经济、政治、文化三个领域的全球化并不是以时间顺序先后产生的，而是具有共时性，只不过在不同阶段表现出了不同程度的显著性而已。

全球化对国家民族界限的消解，还唤起了人们对于全球公民身份的思考。由于金融危机、恐怖主义、环境污染等跨越国界的全球性难题日益突出，已经不再是某个国家或某几个国家能够单独解决的。为了在全球化的大势中求得长远生存，人们开始跳出民族国家的思维框架，以全球公民的身份去思考与全人类利益攸关的问题。德国学者乌·贝克·哈贝马斯提出了"世界公民"的展望，并进一步探索建立新的政治主体：世界公民的政党。② 以哈贝马斯为代表的"全球公民"设想或许被其他学者质疑有乌托邦之嫌，但

---

① 安东尼·吉登斯：《全球时代的民族国家：吉登斯演讲录》，郭忠华编，江苏人民出版社，2012，第9页。

② 乌·贝克·哈贝马斯：《全球化与政治》，王学东、柴方国等译，中央编译出版社，2000，第83页。

全球性问题频发已经成为事实，跨国协商一致解决机制的盛行已经成为当今国际社会的主流。全球公民的思维，至少为人们在深度全球化进程中谋求长远发展提供了一种元叙事层面的方案。

在经济、政治、文化全球化如火如荼之时，传播全球化的概念也逐渐浮出水面。其实，在全球化进程中，真正自始至终发挥了关键作用的是信息的全球性传播。经济全球化需要商业信息的交流共享，政治全球化有赖于外交信息的对话磋商，而文化的全球性互动更是以各种形式的信息为主要载体。正如吉登斯所说："如果全球化真有一个驱动力的话，那么最重要最直接的驱动力就是通信技术在世界范围内的发展。"[①] 传播在全球化中的作用，被麦克卢汉和福克纳表述为"地球村"和"地球都市"两个形象的概念，全球治理也与"民可使由之，不可使知之"的传统理念相悖而驰。

因此，尽管关于传播全球化的准确概念尚无定论，但诸多学者还是从多个角度给出了详细的解读。郭庆光认为："全球传播是国际传播的扩大和发展。"它与跨国传播技术的进步和全球信息化进程密切相关，呈现出主体多元性趋势，以互联网为基础的新媒体平台发挥着越来越重要的作用，强调全球公民意识，但仍具有很强的政治性。[②] 刘笑盈赞同上述"全球传播是国际传播的扩大和发展"的观点，同时从传播的五要素角度比较了两者的区别：全球传播主题高度分散化，传播手段进一步多元化，传播内容更加多元化和共同性，传播方式凸显商业化，传播效果更加深刻。[③] 杨瑞明将传播全球化理解为"人们在相互依存与相互制约的社会空间，进行超越时空限制的信息传递和信息共享活动的过程和趋向"。[④] 我们认为，传播全球化的兴起有赖于三个基础性条件的出现：其一是超越国界的全球性事务越来越多，如全球性金融危机、环境污染、恐怖主义、核扩散等，人们对于这些信息具有强烈的获知欲望。其二是形成了相当规模的全球性受众。全球化强化了人们的身份意识，与人类切身利益息息相关的全球性事务的频发进一步促进了人们全球意识的觉醒。其三是全球性传播主体的活跃。如跨国公司在经济全

---

① 安东尼·吉登斯：《全球时代的民族国家：吉登斯演讲录》，郭忠华编，江苏人民出版社，2012，第 8 页。

② 郭庆光：《传播学教程》，中国人民大学出版社，2011，第 238 页。

③ 刘笑盈：《国际新闻学：本体、方法和功能》，中国广播电视出版社，2010，第 305－306 页。

④ 杨瑞明：《空间与关系的转换：在多维话语中理解"传播全球化"》，《新闻与传播研究》2014 年第 12 期，第 110 页。

球化中的积极作用同样投射在媒体行业，形成了美国有线电视新闻网、英国广播公司等全球性媒体，不仅具有全球报道的能力，而且以全球性事务为主要报道对象，在价值观取向上呈现出去国家化特征。除媒体外，受众还通过社交网络完成了从受者到传者的角色转换，个体传播形成趋势。个体的多元带来价值的多元，互联网的包容性为持不同意见者提供了平等的平台，全球公共空间的形成有了可能。这与传播全球化的多元化特征是相符的。

传播全球化不是与经济、政治、文化全球化并列的全球化类型，而是贯穿于各个层面的全球化进程当中。如果把其他领域的全球化比作一个生命体，那么传播全球化就在这个生命体中发挥着血液流通的作用。传播全球化作为相对晚近的概念，在文化全球化中表现得更为清晰直观。这是因为经济全球化和政治全球化都可以通过静态分析来把握，而文化全球化却常常以动态的互动形式表现出来。甚至可以说，正是传播全球化的持续深入，人们才对文化全球化有了明显感知。

二、传播全球化进入 3.0 阶段

全球化 3.0 这一概念由托马斯·弗里德曼提出，他在《世界是平的：21世纪简史》一书中将全球化划分为三个阶段。其中，全球化 1.0 指国家间的融合和全球化趋势，即从 1492 年到 1800 年前后，主要由劳动力的转移推动；全球化 2.0 则是以公司为主导力量的全球性融合，从 1800 年到 2000 年这段时间，以各种硬件的发明和革新为主要推动力；在前两个阶段的基础上，全球化 3.0 的重要因素是以个人为基点，在全球范围内展开的合作与竞争。其间，互联网技术的各种新式应用，使人们跨越时空距离成为邻居、朋友或者对手。[①] 整体来看，全球化的趋势自经济全球化和全球市场出现肇始，逐步延伸并渗透进入政治、文化等多个领域，深入改变了全球面貌。

然而，究及经济全球化、政治全球化和文化全球化的深层结构内部，我们会发现传播的全球化始终如影随形，构成了改变世界的重要力量之一。全球传播的发展深度介入了人类社会的全球化进程，经济全球化需要商业信息的交流共享，政治全球化有赖于外交信息的对话磋商，而文化的全球性互动

---

① 托马斯·弗里德曼：《世界是平的：21世纪简史》，何帆、肖莹莹、郝正非译，湖南科学技术出版社，2013，第 8—10 页。

更是以各种形式的信息为主要载体。吉登斯认为："如果全球化真有一个驱动力的话，那么最重要最直接的驱动力就是通信技术在世界范围内的发展。"① 随着互联网和数字技术高度融入人类社会生活，人类历史已步入信息时代，传播全球化成为多维度、多领域的全球化的中流砥柱。

正如剑桥大学社会学教授约翰·B. 汤普森所指出的，"在现代世界，传播的一个最显著的特征即是它发生的规模日益全球化"。② 按照传播全球化程度的加深，这一进程也可划分为三个阶段：传播全球化 1.0 时代、传播全球化 2.0 时代和传播全球化 3.0 时代。

其中，传播全球化 1.0 时代从 1973 年阿帕网国际化发展到 2011 年，是传播全球化的起步阶段。根据国际电信联盟（ITU）发布的数据，2000 年初全球手机用户只有 5 亿，网民数量只有 2.5 亿。这一阶段，传播全球化的主要特点是规模小，空间上集中在发达国家。之后，2011 年至 2019 年是传播全球化的 2.0 时代。网民数量暴增、社交媒体兴起以及发展中国家网络用户的高速发展，构成传播全球化 2.0 时代的三大特征。首先，全球网民数量爆炸性增长，2011 年全球网民突破 20 亿大关，达到全球人口的近 1/3，这也就意味着全球每 3 人中几乎就有 1 人是网民。③ 其次，社交媒体和视频传播快速兴起，2014 年 8 月全球社交媒体用户就突破了 20 亿人次。④ 最后，发展中国家成为网络发展的高速地带。根据国际电信联盟（ITU）的统计数据，2014 年全球网民 30 亿人中的 2/3 都来自发展中国家。从 2009 年到 2014 年的 5 年间，发展中国家互联网用户数量增加了一倍。⑤ 在传播全球化 2.0 时代，全球范围的传播行为大幅增加，互联网深入人类生活，但其变化主要还是数量上的增长。到了传播全球化 3.0 时代，传播已经使人类社会发生了质的变革。

从 2019 年 5G 技术普及至今，是传播全球化的 3.0 时代。根据国际电

---

① 安东尼·吉登斯：《全球时代的民族国家：吉登斯演讲录》，郭忠华编，江苏人民出版社，2012，第 8 页。

② 特希·兰塔能：《媒介与全球化》，章宏译，中国传媒大学出版社，2013，第 21 页。

③ 新浪网：《统计数据显示全球网民突破 20 亿》，2011 年 1 月 28 日，https://news.sina.cn/sa/2011−01−28/detail-ikftssap3552705.d.html，访问时间：2023 年 5 月 15 日。

④ 人民网：《2014 年 8 月全球社交媒体用户超过 20 亿》，2014 年 9 月 5 日，http://yjy.people.com.cn/n/2014/0905/c245079−25613186.html，访问时间：2023 年 5 月 15 日。

⑤ 中国互联网协会网：《国际电联发布全球 ICT 数据 全球网民数达到 30 亿》，2014 年 11 月 26 日，https://www.isc.org.cn/article/30906.html，访问时间：2023 年 5 月 15 日。

信联盟（ITU）2021 年底发布的数据，全球网民数量已经超过 49 亿人，网络覆盖率达到 63％。[①] 量变累积终将引发质变，信息技术革命带来了社会的重组，形成了复杂性、全球性的新形态的"网络社会"。[②] 在传播全球化 3.0 时代，全球舆论竞争加剧，各国运用公共外交和战略传播等手段争夺国际话语权；技术高速迭代，5G 通信使物联网成为可能，人与媒介融为一身，人能够置身于元宇宙等纯信息构成的虚拟环境之中；新世代网民媒介使用习惯大幅转变，移动化、视频化、社交化成为媒体发展新需求。可以说，处于传播全球化 3.0 时代的人与媒介前所未有地融合在一起，人所接触的外部社会环境已经深度由数字信息构成，信息世界成为独立于现实世界又与现实世界存在千丝万缕联系的崭新世界，数字化、虚拟化使人类社会发生了翻天覆地的变革。

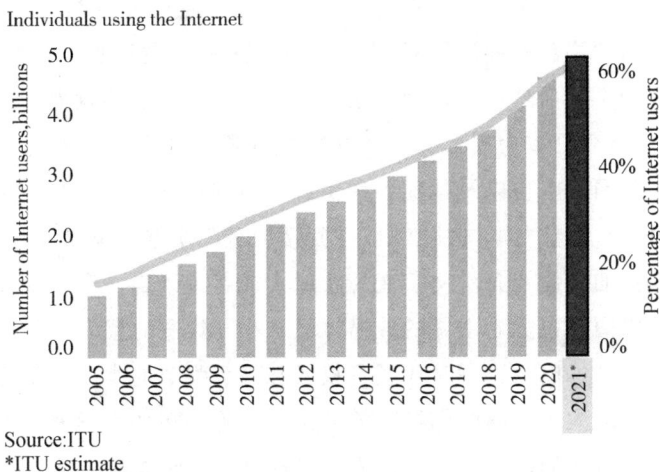

图 1-1 全球网民 2005—2021 年增长态势

（图片来源：国际电信联盟官方网站）

三、视觉为主导的传播形态

从内容形态来看，人类的传播实践在传播全球化 2.0 阶段就已经进入了视觉传播主导的时代，来到传播全球化 3.0 阶段后又进一步拓展了视觉传播

---

① ITU Statistics：*Individuals using the Internet*，2022 年 3 月 31 日，https：//www.itu.int/en/ITU—D/Statistics/Pages/stat/default.aspx，访问时间：2023 年 5 月 15 日。

② 曼纽尔·卡斯特：《网络社会的崛起》（第 2 版），夏铸九等译，社会科学文献出版社，2003。

的维度和范畴。

美国传播学者阿瑟·阿萨·伯杰曾这样描述视觉传播对于人类社会的重要意义："人们生活在一个充满可视物的世界里，一个视觉的世界。在观看时，人们已经付诸了大量的体力和情感。像鱼一样，我们畅游在图像的海洋当中，这些图像帮助我们认识世界、了解自我。据估计，人类所接受的信息中，80%都是通过眼睛获取的。"[1] 在他看来，视觉或者说图像是人类社会的重要组成部分，"人们通过图像交流。视觉传播是人类生活的核心。"而著名学者丹尼尔·贝尔也曾在他的《资本主义文化矛盾》一书中断言："当代文化正在变成一种视觉文化。"[2] 即图像成为传播的主导媒介，视觉成为社会的主导文化。

在当代文化传播环境下，视觉的主导性地位表现得尤为突出，有两个热词集中体现了这一现象的本质性特征。其一是"眼球经济"，这个词源自经济学领域，与"注意力经济"是同源的一意两词。在信息高度发展的情况下，有价值的不是信息本身，而是来自关注这一信息的注意力，也就是"眼球"。眼球经济现已成为视觉文化传播时代的典型社会经济形态，如何抓眼球成为包括新闻、广告以及其他各种信息传播的最终诉求。其二是"读图时代"，这个词经常与"读文时代"或"阅读时代"并置而相对讨论，指的是当前信息传播的主体媒介从文字变为图像，或者说语言文字为媒介的传播体系让位给了以图像视觉为主导的传播体系。在"读图时代"中，图像从各种媒体中凸显出来，成为这一时代最具权威和最为强势的媒介，图像的功能甚至被部分学者放大到"图像霸权"的地位来讨论。正如哲学家马丁·海德格尔为现代社会所下的注脚——"世界图像时代"，即世界在根本上成为我们通过视觉技术及媒介手段而把握的一种图像。

在互联网技术的应用和普及的大力推动下，传播实践进入了个体传播的盛宴，人类前所未有地具有如此强烈的传播欲望。特别是在网络空间中，多元化的价值与信息不仅追求自由传播，而且希望能够传播更多的内容，取得更佳的传播效果。从宏观层面看，以国家为主体的国际传播旨在实现国家利益，维护国家形象；从微观层面看，各种类型的社交媒介为人际交流、个人

---

[1] 阿瑟·阿萨·伯杰：《眼见为实——视觉传播导论》（第三版），张蕊等译，江苏美术出版社，2008，第2页。

[2] 丹尼尔·贝尔：《资本主义文化矛盾》，浦隆、赵一凡、任晓晋译，生活·读书·新知三联书店，1989，第156页。

传播提供了覆盖全球的平台。显然，单一的文字传播、音频传播已经难以胜任如此复杂而艰巨的传播任务，新的视觉传播形式应时而起。视觉传播的优势首先体现在传播内容上，其能够包含文字、声音、图像多种信息载体，天然适用于多元内容传播。在传播效果上，视觉传播的直观、感性又与语言文字传播的间接与抽象形成鲜明对比。相比于"冷冰冰的"静态文字，人们显然更易于理解动态图像。

不同于传统以电视为媒介的视觉传播，新的视觉传播在技术层面上重视与互联网，特别是与移动互联网的共融共生，表现形式上更加平台化，更加强调传播效果，力图实现更高的渗透率。通过移动终端，各种视频深入用户生活的多种场景，挤占了原本可以用来阅读或者聆听的时间，原本可以用文字表达的内容也被更多地用图像表达。"视觉文化对非视觉文化领域广泛而深层的'殖民'"[①]，使这种传播效果上的优势更加明显。另外，语言文字传播是线性的、互动性的，给读者留有足够的想象和反思空间，而视觉传播则是单向的、灌输性的。"从影视作品到观众，它培养了观众的被动型接受……取消了观众掩卷沉思的契机。"[②] 当观众不再思考，劝服就变成了更容易的事情，传播效果得到了强化。因而在全球化传播中，传者与受者之间的距离被扩大到全球范围，传受双方彼此相互缺乏了解，形象化的视频比抽象的文字更有利于表达。

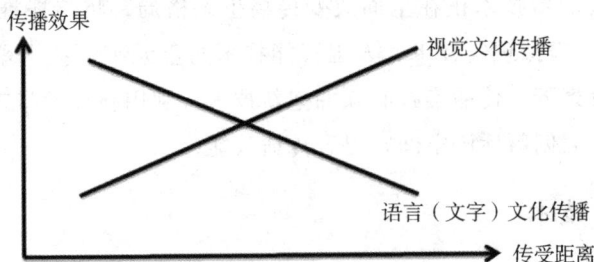

图 1 - 2　传播效果与传受距离

传播的全球化在本质上要求全球人类之间相互增进沟通和理解，视觉传播的特质恰好符合了这一要求。尽管与传统语言文字传播相比，视觉传播的成本相对更高，但传播技术的升级和普及则进一步化解了这一劣势。在传播

---

① 周宪：《视觉文化的转向》，北京大学出版社，2008，第 7 页。
② 周宪：《视觉文化的转向》，北京大学出版社，2008，第 9 页。

全球化 2.0 时代，视频服务规模迅速扩张，重塑了整个媒介生态，深度改变了用户的生活方式。进入 3.0 时代，5G 技术推动传播质量和传播速率的超量提升，视觉传播在时空范畴上不断突破限制，从"当时当地"的记录性视觉传播，到"此次此地"的即时性视觉传播，最终达到"随时随地"甚或"全时全景"的同步时空实时性视觉传播。如今，实时、全景的视觉传播已经成为 3.0 阶段的主导传播形态，在根本上重塑着传播的理念与实践，以及我们对传播的根本认知。

德国思想家本雅明将讲故事的人分为厮守家园的农夫和探险四海的水手。前者讲述着身边的故事，后者讲述着远方的传说。远方传说因为遥远的距离而终究只是传说，人们对传说真实性的信任程度无法与故事同日而语。传播全球化带来了全球时空的压缩，人们脑海中的远方不再是远方，传说也已渐渐成为故事。在传播全球化 3.0 时代，农夫的故事在人们的生活中渐渐式微，人人都是浪迹天涯的水手，给世界讲述着远方的传说。而全新的视觉传播，则为水手们的传说提供了最佳的讲述方式。今天的水手们，也从单纯的讲述者，进一步升级到导游员，除了讲给你听，更要秀给你看。

第二节　传播技术升级

高速发展的新技术正在全面改变传播生态格局，将传播推向 5G＋4K/8K 高清视频＋虚拟现实技术、人工智能技术乃至元宇宙技术塑造下的全新形态。在此背景下，传播实践必须拥抱新技术，利用新技术带来的产业真空提前布局，扩大创新话语空间，提升传播效能。

一、5G 技术

人类的通信技术发展，是从第二次工业革命之后开始出现质性突破的。从 19 世纪中期电报电话的发明，到 1973 年摩托罗拉实验室正式发明无线电话，将人类带入了无线通信的新纪元，也为我们的生活带来了种种便捷。20 世纪 80 年代以来，移动通信技术以每十年为一个代际的飞跃进程向前发展。1G 技术采用频多分址和模拟调制，实现模拟信号的语音传输；2G 技术采用时分多址和 GSM，实现数字化语音通信；3G 技术采用码多分址，支持数据和多媒体业务，实现视频通话、在线影音和游戏等业务应用；4G 技术则采用正交频分多址和多入多出（MIMO），支持宽带数据和移动互联网业务，能够应用于网络直播、在线游戏和视频监控等多个领域。可以说，1G到4G，关注的始终是"解决人与人之间的沟通问题"。[①]

作为"第五代移动通信技术"，5G 在 1G 到 4G 的基础上，不仅实现了人与人的联系，更进一步实现了人与物、物与物之间的联系，迎来了万物互联的时代。根据国际标准化组织 3GPP 的定义，5G 有三大场景，包括 eMBB（3D/超高清视频等大流量移动宽带业务）、mMTC（大规模物联网业务）和 URLLC（无人驾驶、工业自动化等需要低时延、高可靠连接的业务）。我国由 IMT－2020（5G）推进组发布的《5G 概念白皮书》也明确了四大应用场景：连续广域覆盖、热点高容量、低功耗大连接、低时延高可靠。[②] 在 5G 技术下，最大速率可以达到数千兆字节每秒，可以支持工业互联网、车联网等领域的应用。自 2019 年以来，包括韩国、美国、瑞士、英国等在内的多个国家纷纷宣布实现 5G 商用。2019 年 6 月 6 日，随着工信部向中国移动、中国电信、中国联通、中国广电四家颁发 5G 牌照，中国也正式进入了 5G 商用时代。

可以说，5G 技术是当前传播升级的基础元技术，其不仅是对现有传播技术的全面升级和改造，更将对传播的主体结构、内容叙事、产品生产链、信息流向和受众体验都产生深刻影响。在 5G 技术推动下，电信企业和个人主体将从原本传播中的次要主体晋升为主要主体，由企业、个体以及国家、媒体构成的多元主体"复调传播"将持续向纵深发展；5G 时代允许我们对视觉叙事有更多的想象力，在当前短视频为主流、主导、主打的基础上，中视频日益受到关注，长视频也将强势登场，短、小、平、快的快消视觉消费和自然节奏的慢视频将分众而起；物联网入场，为传播内容产品的生产和传播提供助力，使跨越边界的信息交流呈现新的样貌；在前 5G 时代的传播格局中，西方世界始终凭借在通信技术领域的绝对领先占据世界舆论格局的高地，而中国则在 5G 时代赢得了弯道超车的技术破袭，取得了一次扭转全球信息流向的历史机遇；在基础通信技术的基础上，5G 与虚拟现实（VR）、增强现实（AR）等技术的结合，将进一步使传播变得可浸入、可触摸、可延展、可互动。

---

① 余典范：《2019 中国产业发展报告》，上海人民出版社，2020，第 26 页。

② IMT－2020（5G）推进组：《5G 概念白皮书》，2015 年 2 月 1 日，http://www.imt－2020.org.cn/zh/documents/1，访问时间：2017 年 5 月 10 日。

二、虚拟技术

在视觉化的传播内容趋势下，受众对于"观看"的要求也越来越高：一方面要求现实呈现越来越真实（高清至超清）；另一方面也要求超现实的构建能够越来越多元。虚拟现实的技术发展，使得这一需求在不断被实现的同时，也在被不断推高。2014 年 3 月，脸书收购了虚拟现实技术公司 Oculus Rift，推出头戴式虚拟现实显示器，将 360 度视频引入社交网络平台。基于虚拟视频，用户可以从第一视角体验视频呈现的故事。自此以后，沉浸式媒体设备的开发和应用不断推出。据产业资讯机构推测，到 2025 年时，适配 VR 应用的家用显示器（HMD）的出货量将达到 4100 万台。[①] 近年来，VR 新闻在欧美国家的发展尤为突出。美国《得梅因纪事》节目组联合 Oculus Rift，使用 VR 技术打造解释性报道《丰收的变化》，通过四个美国农场家庭展示社会发展下美国农业的变化；Vice News 与 VRSE 公司合作，采用 VR 技术制作推出《纽约百万人大游行》，让受众能够以第一视角沉浸于游行活动中；《前线》杂志使用 VR 技术再现了埃博拉病毒在非洲肆虐的情况；《纽约时报》针对巴黎发生的恐怖袭击事件，制作了 VR 新闻《守夜的巴黎》等。[②]

在众多新兴技术之中，虚拟现实技术因为能够增强受众的具身感，令传播受众身临其境地感受新闻现场的冲击力和震撼，故而与传播实践发展有着极高的契合度。在传播业界领域，虚拟现实技术的应用前景取决于传播者及其所在媒体机构能否充分将 VR 技术"身临其境"的沉浸式、诉诸人类共通感官的媒介特征尽致发挥，有效传达自身的传播意图。一方面，360 度全景视频的出现极大提升了传统视频二维画面的信息承载量，创造了人们与遥远世界产生勾连的直接体验，打破了传统电视新闻中唯一的画面表现；另一方面，浸润式的场景也为每一个身临其境的观众提供了独一无二的感知可能，基于视觉和语言的新闻接受升级成为一项包含更多情绪卷入的行为。[③] 此外，相关研究也指出，尽管 VR 技术让受众沉浸在一种具身的幻觉中，叙

---

① Janet Harris & James Taylor：*Narrative in VR journalism：research into practice*，Media Practice and Education，2021，22：3.

② 温广权：《VR 技术在电视新闻节目制作中的探索与应用》，《广播电视信息》2021 年第 11 期。

③ 常江、杨奇光：《试析虚拟现实技术对国际传播模式及效果的影响》，《国际传播》2016 年第 1 期。

事、人物、情节和主题的传统特征在新闻故事的构建中仍然具有根本重要性。[①]

三、人工智能

与 5G 和 VR/AR 等直接介入传播过程的技术不同，人工智能是一种基础性的技术，可以"像水电煤一样赋能于各个行业"，因而被称为"人类社会加速器"，是开启人类智能生活的钥匙，也因此成为"国际竞争的新焦点"。[②] 这一概念的提出是在 1956 年的达特茅斯会议上，到 2016 年以 AlphaGo——人类失守围棋这一被视为最后智力堡垒的棋类游戏为标志，人工智能开始逐步升温，日渐成为政府、产业、科研机构以及消费市场纷纷竞逐的对象。在各国人工智能战略和资本市场的推波助澜下，人工智能的企业、产品和服务层出不穷。到目前为止，人工智能进入的行业领域和应用场景已经越来越多，主要包括交通、医疗、制造、安防等，当然还有传播。

在脸书（Facebook）、亚马逊（Amazon）、苹果（Apple）、奈飞（Netflix）和谷歌（Google）等科技公司纷纷向媒体领域扩张的引领下，人工智能已经深深嵌入媒体行业的各个领域，用以制造"更智能"的产品和服务，推动了智能传播的出现和发展。例如，声破天（Spotify）和奈飞使用人工智能技术支持下的推荐播放列表；媒体公司通过人工智能实现更高效精准的内容管理；基于人工智能技术开发的聊天机器人可以大大改善交互体验。一项调查发现，新闻媒体在全球范围内使用人工智能的最常见方式包括：首先是改进内容推荐（59%），其次是工作流程自动化（39%）、商业优化（广告定位和动态定价等，39%），以及帮助记者寻找故事的智能代理（35%）。[③] 路透社曾推出一个名为"新闻追踪"的系统，可以实时分析每条推文，每天大约能够分析 5 亿条。首先，它会过滤掉垃圾邮件和广告，然后在同一个话题上找到类似的推文，将它们分成"集群"，并为每个集群指定一个主题，比如商业、政治或体育。然后，使用自然语言处理技术生成每个集群的可读性摘要供用户自主选择。美国知名新闻聚合网站 BuzzFeed 的自动聊天机器

---

① Janet Harris & James Taylor：*Narrative in VR journalism：research into practice*，Media Practice and Education，2021，22：3.

② 腾讯研究院：《人工智能》，中国人民大学出版社，2017，推荐语、序言。

③ Sylvia M. Chan-Olmsted：*A Review of Artificial Intelligence Adoptions in the Media Industry*，International Journal on Media Management，2019，21：3—4.

人则在新闻采集领域迈出了一大步，借助脸书的 Messenger 应用程序直接与用户对话，可以获得新闻现场的第一手资料。[①]

2022 年 11 月，ChatGPT 上线，随即便以横扫之姿迅速引发世界瞩目，成为各大媒体聚焦热议、业界学界争相探讨的焦点。在开放人工智能（Open AI）公司对 ChatGPT 的介绍页面上有一句说明，"我们训练了一款称为 ChatGPT 的模型，能够通过对话方式与用户互动。这种对话形式让 ChatGPT 可以回复后续问题、承认自身错误、对不准确的情境提出问题，也能够拒绝对不当要求做出回应。"[②]

这一大型预训练人工智能语言模型，成为人工智能技术快速发展进程中的重要节点——生成式人工智能（Generative Artificial Intelligence，GenAI）的标志性事件。ChatGPT 的核心是自然语言处理技术（NLP），即通过计算机对人类的书面和口头形式的自然语言信息进行处理加工，对人类自然语言活动中的信息成分进行发现、提取、存储、加工和传输。ChatGPT 应用主要基于 GPT-3.5 的技术背景和深度学习的神经网络技术，经过大规模的数据训练持续优化模型，进而实现基于对话提示来即时生成文本、图像等多种媒介形态。凭借超强的自然语言理解能力和多种内容生成能力，ChatGPT 在发布不到一周的时间里就已经拥有近百万用户，上线仅两个月突破 1 亿，成为史上增长最快的消费级应用。短短三个多月之后，功能更加强大的 ChatGPT-4 正式发布，其不仅在文字处理能力上有了明显提升，同时以强大的识图能力再度引发关注。接下来，OpenAI 公司表示还将进一步提供多模态模型，让视频等内容形态的自动生成也成为可能。最令世人震惊的是，ChatGPT 的这种进化升级是以超高速度在短时间内完成的。就连微软创始人比尔·盖茨都表示，ChatGPT 是他一生中经历的第二次最具革命性的科技进步。世界各国甚至已经达成共识，ChatGPT 已经成为"多种行业游戏规则的改变者"。目前，几乎所有的行业都在考虑如何与 ChatGPT 以及其他人工智能技术的融合，包括新闻传播。"在新闻出版领域，ChatGPT 的出现以及类 ChatGPT 技术的广泛应用，将使新闻生产更加高效迅捷，有效促进深度新闻的发展；助力新闻分发及推荐更加精准，使用户的新闻消费体验

---

① 钟鸣：《新闻遇见人工智能 当下有为未来可期》，《记者摇篮》2022 年第 2 期。
② OpenAI 官方网站，ChatGPT 简介，https：//openai.com/blog/chatgpt，访问时间：2023 年 5 月 17 日。

更加舒适；推动新闻出版业全链条再造，加速实现智能化变革。"①

与此同时，人工智能还将进一步介入国际传播领域，主要可以从计算与情感两个维度予以深度开发。首先，利用人工智能技术给国际传播中的精准传播、精确营销、用户画像、舆论分析提供技术支撑，结合大数据计算可以精准得出符合国际传播规律的内容；其次，利用人工智能技术加深对于国际传播目标用户的了解，使个人化的精准传播成为可能，从而给传播内容"情感赋能"，让不同的用户产生独特的情感联结与个人化的情感依赖，给"情感传播"提供策略支持。②

技术是推动传播现象和传播实践发生变化的核心动力，新的媒介技术的突破为传播在时空范畴上的边界拓展带来无限的创新可能，也从底层逻辑颠覆了现有的传播格局。如果能够准确把握、提前布局、精准发力，善用、用好技术变革带来的机会，中国将可以在新的传播竞争中赢得更多的主动权。

第三节　传播环境变化

在传播全球化 3.0 时代，5G、虚拟现实、人工智能等关键技术以及物联网、元宇宙等理念架构持续实现突破并且先后进入实用阶段，推动着传播要素不断升级。随着传播技术进一步升级，传播革命进一步深化，社会的媒介化乃至人的媒介化也都日益成为现实。作为人类社会的重要组成部分，传播正在迈向沉浸化、情景化、交互化以及多维多元的元宇宙化。新的传播技术推动新的传播模式，在此背景下的传播格局也将从底层传播逻辑层面开始，发生彻底的变革。

一、虚拟再造 沉浸传播——人工智能推动传播场景升级，真实与虚拟界限消弭

面对传播全球化 3.0 时代的传播升级，首先一大特点就是虚拟再造"在场"状态下的沉浸式传播的出现和普及。美国学者保罗·莱文森指出，"随着技术传播媒介的发展，它们倾向于更多地复制真实世界中的'前技术'或

---

① 刘元顿：《新闻出版业遇上 ChatGPT：机遇、挑战与未来进路》，《视听》2023 年第 5 期。
② 栾轶玫：《人工智能降低国际传播中的文化折扣研究》，《对外传播》2018 年第 4 期。

是人性化的传播环境。"① 也就是说，人工智能技术主要围绕"人的需求"这一主旨不断向前发展。随着人工智能技术的发展，人们渴望营造一种类似真实生活的、沉浸式的传播体验。国内学者也提出，互联网发展至今，用户的沉浸感越来越高，虚拟与现实的边界逐渐缩小，从书信到微信，人们对更便捷、更亲密、更直接社交关系的追求从未停止；从文字社交到图文社交再到音视频社交，人们一直在追求内容丰富度更高、沉浸感更强的线上社交形式。②

"沉浸"（Immersive）主要是指参与者非常专注于执行某一项活动，不受外界干扰并过滤掉一切不相关的感知的状态。学者李沁认为，"沉浸传播是一种全新的信息传播方式，它是以人为中心，以连接了所有媒介形态的人类大环境为媒介而实现的，无时不在、无所不能、无处不在的传播，它是使一个人完全专注的也完全专注于个人的动态定制的传播过程。"③ 一直以来，"身体在场"的面对面交流被当作传播的理想典型。在人类早期的传播活动中，高效的信息交流必须高度依赖人的身体语言。随着媒介技术的演进，人类的面孔、行动、声音、思想和互动全部迁移到媒介之中，最终使身体与传播剥离开来，身体从传播的主体沦为旁观者。在沉浸传播时代，VR、人工智能和可穿戴设备等技术正从不同的维度激活人的身体，不断推进媒介使用的退场与身体经验的返场。④ 虚拟现实通过全面、均衡地延伸人的感觉器官，让人们在赛博空间实现浸润式的面对面交流，重新找回类似于亲身传播的在场效应，让人类真正重归部落时代。⑤

沉浸式传播的核心价值在于，它从"感官共振"与"形象还原"两个层面为受众提供了一种"在场参与"的沉浸体验，其所带来的感官共振是一种生理、心理与环境互相塑造与制约的具身体验。沉浸式传播通过回归媒介叙事手段打破传播场域边界，进行影像重现和景观再现，使原本被排除在传播场域之外的人的形象在"超真实"的符码拟像之中得以凸显和还原。在传播

① 保罗·莱文森：《人类历程回放：媒介进化论》，邬建中译，西南师范大学出版社，2017，第5页。

② 曲忠芳、李正豪：《元宇宙下的社交：维度升级 路在何方？》，《中国经营报》2022年2月21日C03版。

③ 李沁：《沉浸传播：第三媒介时代的传播范式》，清华大学出版社，2013，第43页。

④ 雷晓艳、胡建秋、程洁：《沉浸式传播：5G时代体育赛事传播新范式》，《当代传播》2020年第6期。

⑤ 陈月华：《传播：从身体的界面到界面的身体》，《自然辩证法研究》2005年第3期。

的路径环路中，"感官共振"与"形象还原"都指向受众，在二者的共同作用下受众自然而然产生"身心俱在"的"在场参与"体感。[①] 科学研究表明，任何心理上的感觉都是由身体感知所引起的。在虚拟现实中，使用者能与虚拟环境进行全方位的接触，仿佛生活在自然状态下，沉浸在真实的环境中一样，因而心理上也就会产生一种放松感和愉悦感。[②]

随着虚拟现实技术的进步，沉浸式传播将在不远的未来成为一种重要的传播形态，而这种形态将是变革式和颠覆式的。沉浸式传播的核心是通过各种媒介手段独占受众的意识空间，而这一意识独占很大程度上取决于个体原有的认知状态，取决于内容叙事的艺术手法。沉浸问题看似简单，却有深厚的历史根源。美学中的"意境"、老庄哲学中的"虚空"、巴赫金的"狂欢状态"，这些研究都可以为沉浸式传播带来启发。因此可以说，沉浸式传播不仅是一个虚拟现实的技术进步问题，更是一种复杂的传播现象。[③]

二、情景传播 情绪在场——社交媒体成为主渠道，事实与信息边界模糊

进入传播全球化3.0时代的另一个重要表征，就是社交媒体日益成为信息传播的主要渠道，情绪成为传播过程中的新要素。《2020年中国社交媒体用户使用行为研究报告》表明，报纸媒体的接触率最低，已在超四成（41.2%）受访者中失去了影响；杂志的接触情况与报纸近似，"弃置"程度也超过三成；广播的"弃置"占比为37.9%；电视的接触情况在传统媒介中是最好的，但也仅有11.5%的受访者每天看电视。就电脑与手机触网情况的数据而言，这两种途径已经成为受访者的主要触媒渠道。每天通过电脑和手机上网的受访者占比分别为40.3%和83%。[④] 另据中国人民大学舆论研究所于2004年和2015年对北京地区居民获悉资讯的信息源结构展开的调查，新闻媒体在其中的占比已由2004年的76%左右下降到2015年的29.4%左右，以微信群、朋友圈为代表的人际关系网成为民众获取信息的第

---

① 喻发胜、张玥：《沉浸式传播：感官共振、形象还原与在场参与》，《南昌大学学报》（人文社会科学版）2020年第2期。

② 杭云、苏宝华：《虚拟现实与沉浸式传播的形成》，《现代传播》（中国传媒大学学报）2007年第6期。

③ 孔少华：《从Immersion到Flow experience："沉浸式传播"的再认识》，《首都师范大学学报》（社会科学版）2019年第4期。

④ 安珊珊：《2020年中国社交媒体用户使用行为研究报告》，《传媒》2021年第14期。

一大渠道（42.8％左右）。① 可以说，社交媒体已经成为人们日常信息传播渠道中最为主要的方式。

在社交传播过程中，情绪是影响信息传播速度和广度的重要因素。有学者通过实验证明，情绪"唤起"在一定程度上可以促进人们的信息分享行为。激发正面情绪的文章一般都被广而传之；而激发负面情绪的文章则情况较为复杂，人们更倾向于将那些激起"焦虑""愤怒"情绪的文章分享给他人，而其他诸如"悲伤"的情绪则会降低传播率。② 基于微博的研究也发现，富有强烈情绪色彩的微博更容易被传播。③ 有学者就此界定，情绪传播是以传播情绪和相关伴随性信息为主要内容的传播类型。④ 其中，生理驱动性和社会建构性是情绪传播的两个重要特征。⑤ 社会学家柯林斯则指出，人类社会的交往过程中存在"情感变压器"现象。他认为，情绪是人类生理结构中的独有现象，是社会交往的必然环节。在社交媒体时代，一方面，媒介内容出现情绪化叙事特征；另一方面，在媒介事件面前，理性与盲从交织，网络舆论呈裂变态势，使得真相与事实在话题中发生着一次次的重塑与颠覆。⑥

在此背景下，事实与信息之间的边界日趋模糊，构成社交媒体时代国际传播的一大重要特征。近年在国际舆论领域，"真相焦虑"和"真相危机"凸显为关键词，特别是 2016 年英国脱欧公投和特朗普竞选胜出等一系列影响广泛而又难以预料的政治"黑天鹅"事件的发生，让"后真相"一词使用频率大幅提升并逐渐演变成西方主流话语的一部分。⑦ 同时，这一现象也在极大程度上成为国际社会舆论传播的关键聚焦。究其本质，"后真相"现象的主要表征即为事实与信息的边界模糊。在《经济学人》杂志的评述中，几乎将"社交媒体时代"等同于"后真相时代"。⑧ 根据皮尤研究中心的一份

① 喻国明：《当前新闻传播"需求侧"与"供给侧"的现状分析》，《新闻与写作》2017 年第 5 期。

② Berger J. & Milkman, K. L.：*What Makes Online Content Viral*，Journal of Marketing Research，49（2），192−205.

③ 刘丛、谢耘耕、万旋傲：《微博情绪与微博传播力的关系研究——基于 24 起公共事件相关微博的实证分析》，《新闻与传播研究》2015 年第 9 期。

④ 赵云泽、刘珍：《情绪传播：概念、原理及在新闻传播学研究中的地位思考》，《编辑之友》2020 年第 1 期。

⑤ 刘珍、赵云泽：《情绪传播的社会影响研究》，《编辑之友》2021 年第 10 期。

⑥ 李瑞：《社交媒体时代情绪传播研究》，《新闻研究导刊》2021 年第 24 期。

⑦ 刘沫潇：《反思"后真相"及真相追求的路径》，《全球传媒学刊》2021 年第 6 期。

⑧ Economist, *Art of the lie：Post truth politics in the age of social media*, Sep. 10th，2016.

研究报告，约有四分之一的美国人已经承认分享过虚假新闻，另有三分之一的美国人表示他们"经常"会看到编造的政治新闻，同时有三分之二的人称这种现象已经造成了"很大的混淆"。①

与此同时，我国学术界的相关讨论也认为，社交媒体、大数据等技术与权力的介入，使得"谎话、流言、绯闻以真相的幌子在网络上肆意流传"。②学者陈凯提出，社交媒体"被商业逻辑主宰"，充斥谎言与假新闻，且缺乏"社会责任的基因"，为获取点击率而无底线地迎合用户，特别是"由于社交媒体天然的传播属性，比起严肃的事实报道，以惊惧、愤怒或惧怕为情感色彩的消息总能得到更广泛的传播，而中立客观的报道很难得到共鸣"。③当下中国的网络舆论场也体现出"后真相"的特征——成见在前、事实在后，情绪在前、客观在后，话语在前、真相在后，态度在前、认知在后。于是，公共事件每每成为群体、派系对立的话语载体，"话语政治"不断撕裂着社会。④

在认识现象的基础上，更有一些学者将社交媒体、情绪化传播和虚假新闻联系在一起，试图解构社交媒体上事实与情绪不分、消息代替新闻的新传播现象。尤恩·斯皮德与罗素·曼尼恩视"后真相"为民粹主义运动，指出后真相政治尝试利用社交媒体作为喉舌，通过制造"假新闻"来煽动恐惧和仇恨的"他者"。曼纽尔·阿里亚斯·马尔多纳多指出，社交网络本身就是一种情感驱动的平台，促进人们建构了志同道合的"道德部落"，改变了政治行动者和公民的相互联系。⑤

在传播全球化进入 3.0 阶段以后，社交媒体上情绪传播得比事实更快，这是基于人类心理认知结构得出的客观结论。情绪化传播又带来了后真相时代、虚假新闻、利用新闻煽动仇恨恐惧等一系列传播问题。相较于事实，情绪具有感染力更强、传播速度更快、更加不可控的特点，越发使得传播环境日趋复杂。而随着人工智能技术的进一步升级介入，如 ChatGPT 等技术应用的出现和普及，至少在相当一段时间内将进一步放大这种情绪主导的真假

---

① 张操：《算法与利益：Facebook 人工智能新闻编辑的困局》，《新闻世界》2017 年第 6 期。
② 张华：《"后真相"时代的中国新闻业》，《新闻大学》2017 年第 3 期。
③ 刘沫潇：《反思"后真相"及真相追求的路径》，《全球传媒学刊》2021 年第 6 期。
④ 张华：《"后真相"时代的中国新闻业》，《新闻大学》2017 年第 3 期。
⑤ 郭小安：《公共舆论中的情绪、偏见及"聚合的奇迹"——从"后真相"概念说起》，《国际新闻界》2019 年第 1 期。

混杂效应。

三、5G 重塑交互传播——万物互联，媒介是人的延伸，人成为媒介的组成

传播学界知名学者麦克卢汉在其著作《理解媒介：论人的延伸》中指出，媒介是人感官的延伸——文字和印刷媒介是人的视觉能力的延伸，广播是人的听觉能力的延伸，电视则是人的视觉、听觉和触觉能力的综合延伸。[①] 在 5G 技术的支持下，媒介正在向人类的多重感官综合延伸，使人获得真正的"在场"感受。

5G 技术下，移动互联网、VR 和 AI 等快速进入传播应用，加速了身体与技术的糅合，使得原本肉身的物理在场与行为的同一性可以通过具身化的数字在场，即虚拟身体来实现。虚拟身体的本质是身体与技术的互嵌——技术被嵌入人体中，身体被技术重新定义；人的智力被注入技术中，技术延伸人的感官与智慧。在此基础上，人机边界被打破。虚拟身体正是通过模拟、复制人的身体器官，将分裂的视觉、听觉、嗅觉、触觉等感官功能重新聚合，营造出全新的"虚实同一"在场感。[②]

随着 5G 通信网络的普及，万物互联、万物皆媒的物联网时代即将到来，机器将使人的感官获得更深度的延伸。知名教授彭兰认为，物联网、人工智能、"云"三项技术的发展将人类带入了一个"万物皆媒"的泛媒时代，未来的人工智能技术则将使人与智能机器（包括软件）变成人机合一的关系。[③] 就此，学者们提出了"赛博人"的概念。所谓"赛博人"，是指"后人类时代出现的这些为技术所穿透、数据所浸润的身体"。而所谓"技术嵌入人体"，不仅指生物学意义上的嵌入人的身体中，更多的是指技术嵌入人的思维之中，人类对技术的适应就像对自身本来存在的器官一样，人和技术高度融合、形影不离。可以说，任何一个具备使用智能设备能力的人或者生活在智能时代笼罩的社会中的人都是赛博人。[④] 借助于物联网技术，人可以与家庭中如智能空调、智能电视、扫地机器人等智能家居产品建立起物与物

---

① 马歇尔·麦克卢汉：《理解媒介：论人的延伸》，何道宽译，译林出版社，2011。
② 雷晓艳、胡建秋、程洁：《沉浸式传播：5G 时代体育赛事传播新范式》，《当代传播》2020年第 6 期。
③ 彭兰：《万物皆媒——新一轮技术驱动的泛媒化趋势》，《编辑之友》2016 年第 3 期。
④ 邵文静、张夏雨：《智能时代下人与技术的关系——从"媒介即人的延伸"到"赛博人"》，《视听》2020 年第 12 期。

的信息收发渠道，搭建起一个链式生态圈。信息不仅在人与人之间传输，更在人与物、物与物之间来回穿梭，进而构成了一个万物互联的社会新图景。人、机器、技术在智能媒体时代交织相融，伴随技术的进一步发展，这种人与物、物与物互联的链式生态圈会进一步扩大，人与机器的界限将越发模糊，人的赛博格化（Cyborg）似乎只是一个时间问题。[①]

从媒介生态学的角度看，在 5G 时代，媒介生态与社会的其他生态系统互为依存的程度将大大提高。也就是说，作为川流不息的信息流和社会的神经系统，传播的功能和作用将进一步提升。与 5G 时代接踵而至的万物皆媒，首先凸显的就是"媒介人学"的概念。麦克卢汉所说"媒介即人的延伸"，其实从根本上讲就是人即媒体，而人就是媒体的终端。人和媒体不是二元结构，媒体不是人的外在物，人的主观性就镶嵌在社会媒体之中。[②]

在当前传播进入全球化 3.0 时代的背景下，5G 技术的革新和普及将使人和媒介的区隔被逐渐打破，技术成为人体的一部分，而人本身也成为一种新媒介。麦克卢汉预言的"媒介是人的延伸"将在传播全球化 3.0 时代真正实现，人将成为数字信息重构下的新传播元，最终完成人的赛博格化，实现人的传播与传播的人合为一体。

四、元宇宙化 融合传播——虚拟现实技术推动，虚拟世界与现实世界交叉融合

根据全球知名的通信技术产业研究机构 Gartner 的预测，到 2026 年，全球 25％的人每天将至少在元宇宙中工作、购物、学习、社交或娱乐 1 小时。

"元宇宙"是一个源自英语世界的概念，英文原词为"metaverse"，由前缀"meta"和后缀"verse"组成，原意为"超越宇宙"。"元宇宙"一词，首次出现于美国科幻作家尼尔·斯蒂芬森 1992 年出版的小说《雪崩》之中。在小说描绘的科幻图景中，人类能够通过智能终端设备接入一个平行于现实世界的人造数字虚拟空间，并以数字具身的方式生活其中，还能够与他人的数字具身进行交流互动。而这一科幻场景，在今天看来并非完全虚构，其对于技术的发展前景具有极强的预见性。

---

① 申玉山、林树森：《人的延伸抑或技术牢笼——智能音箱人机交互模式影响探析》，《采写编》2021 年第 12 期。

② 刘笑盈：《5G 时代的新闻发布与网络传播：变化与挑战》，《新闻与写作》2019 年第 11 期。

身体深度介入虚拟场景，是元宇宙的核心特征。具体来看，具身指身体通过意向性与世界和他人达成的一种实践过程，所谓意义、理解和沟通都奠基于这种身体实践过程。具身传播要求身体必须在场，能够对在场的其他事物产生影响，并与在场的其他身体发生作用。在元宇宙场景中，通过连接在身体不同部位的传感器和 VR 等终端设施，技术嵌入身体，身体能够感受到场景刺激，身体的动作也可以反馈到场景之中，成为信息交流的一个构成部分。在此意义上，元宇宙构成了一个更为广泛意义上的 UGC（用户生产内容）平台，用户能够不断通过身体创造、分享内容，扩大数据信息增量；同时，被数据化的身体同样作为信息资源在元宇宙中流动，用户的偏好、兴趣、社交痕迹均持续存在于元宇宙空间中。北大教授匡野提出，在元宇宙的多维跨维信息格局中，人类社会化实践将不再是孤立的生产、接收与传播信息，而是完全沉浸融合于信息生态环境之中。换言之，随着人类社会化实践空间经由元宇宙不断拓展与外化，人类对于信息、媒介的依赖程度将达到前所未有的高度。另一位学者郑满宁也认为，借助扩展现实技术提供沉浸式体验和数字孪生技术生成现实世界镜像的元宇宙，传统的新闻概念可能被彻底改变。元宇宙技术消弭时间、空间对新闻的宿命式限制，最大限度地拓展新闻的存在维度和感官维度。元宇宙视域下的新闻产品有可能终结以往所有传统新闻产品样态，即在个体层面上，"人"在新闻中被重新发现和激活，实现新闻传播的主客体转换；在社会层面上，新闻"镜像"现实世界，实现对现实世界的真正映射。

在新冠疫情这一全球性黑天鹅事件的推动下，社会的虚拟化进一步加速，线上与线下打通，人类的现实生活开始大规模向虚拟世界迁移，人类正在成为现实与数字的两栖物种。元宇宙应用也会进入更多的领域，如社交、教育、会展、旅游、金融等。目前，中美日韩都在布局元宇宙，腾讯、字节跳动等互联网巨头也在投资元宇宙项目。尽管在传媒行业和传播领域，目前元宇宙尚没有太多实际应用，但从 AI 主播到仿真机器人，从深度学习到认知神经科学，元宇宙产生的思维方式和思想火花都在影响整个传媒业和传播学，这些无疑会引发互联网又一次传播革命。

在传播全球化 3.0 时代，媒介技术的发展将使人类第一次彻底脱离现实世界，真正置身于纯粹的虚拟环境中。受众将可以"亲临"新闻事件发生的现场，感受重大事件发生时或激动人心或惊心动魄的震撼一幕，可以用自己的虚拟身体和记者编辑在元宇宙中面对面地交流和反馈信息。在新传播技术建构的虚拟世界里，传播将成为和人们吃饭喝水一样便捷和常见的日常需求。在此前提下，国际传播格局必然将从底层逻辑开始重塑，个体将崛起成为传播的重要声源，甚至在一定程度上取代国家、媒体等成为未来传播的主导因素。其中，又以 Z 世代为核心的年轻群体为主要力量。

第四节　传播市场转化

Z 世代，又称为网生代、互联网世代。仅在今天的中国，Z 世代人群的规模就超过 2.8 亿，已经日益成为内容消费、舆论发声的主要群体。根据巴克莱银行发布的数据，2020 年开始 Z 世代人群就成为全球最大的消费群体，可以占据美国、欧洲和金砖国家消费市场 40% 的份额。仅在美国市场，Z 世代人群就拥有超过 2000 亿美元的直接购买力。在传播全球化 3.0 时代，Z 世代人群也将在全球范围内成为新闻内容生产和消费的主力军。而在不远的未来，Z 世代人群也将成为国际舆论传播环境的主要建构者，他们对媒介的认知和使用将对媒体发展方向产生关键性的影响。因此，对以 Z 世代群体为主要表征的受众需求和传播特点展开系统讨论，对于深入认知传播市场的更迭具有重要意义。

一、Z 世代群体的媒介偏好：移动化、可视化、社交化

2019 年，全球知名的益智游乐品牌乐高集团面向 3000 名 8 岁至 12 岁的儿童进行了一次线上调查，问题是"长大之后想做什么"，票数第一的答案是视频博主。同年 8 月，日本学研教育综合研究所发布了《小学生白皮书》，"视频博主"首次取代"职业足球运动员"成为男生的头号梦想职业。对于"Z 世代"互联网"原住民"来说，他们的成长时期和互联网的高速渗透过程高度吻合。比起传统意义上的名人和偶像，那些短视频中的博主似乎和他们有着更加紧密的情感联系。

自出生开始，Z 世代群体的标配往往就是移动智能设备，以及经由这些设备随时随地传输给他们的碎片化信息。在这样一种信息环境的熏染下，Z 世代群体的媒介使用习惯与他们的前辈完全不同，甚至和与他们年龄相近的"千禧一代"也大不相同。Z 世代群体不太可能访问传统的新闻网站，反而更有可能使用微博、微信以及照片墙（Instagram）、抖音国际版（TikTok）等新的社交媒体作为主要新闻来源。而在他们的媒介使用过程中，诸如微

博、微信以及照片墙（Instagram）、抖音国际版（TikTok）之类的社交媒体不仅用于信息传播，同时也是获得娱乐的主要途径，他们一边从中获取信息了解社会动态，一边发表观点表达情绪。

从信息获取途径看，Z世代群体与上一代人有着明显的差别，移动端和可视化是Z世代媒介消费的主要趋势。在此过程中，照片墙（Instagram）、色拉布（Snapchat）和抖音国际版（TikTok）为代表的新兴社交媒体平台，基本都是立足于移动可视的信息形态而得以快速发展。基于不同信息获取途径，媒介叙事形态的差别也在很大程度上改变了新闻生产的思路，从传统媒体通常几千字的文字报道到抖音国际版（TikTok）上平均15秒时长的短视频，Z世代的新闻消费正在凸显向可视化的迁移。①

从信息获取的方式来说，Z世代群体充分适应网络所具有的交互性、多元性、虚拟性、自由性、匿名性以及超链接性等本质属性，他们对媒介的"使用"已经远远超出传统意义上的信息接收层面。作为互联网的"土著民"，Z世代群体成长在充满互联网基因的环境中，不仅对互联网有着更为强烈的依赖性，同时也在互联网空间有着更为活跃的表现，成为移动社交平台的主要参与者。带着强烈的表现欲、分享欲和倾诉欲，Z世代群体喜欢在社交平台上记录自己独特的生活随想，并在虚拟世界里与人分享生活中的喜怒哀乐。可以说，前一代的主流社交平台多半是从即时通信开始的，而Z世代世界里走红的却是Soul、积目这样的社区型产品。②在媒介使用的多种功能需求中，娱乐、求知、交友成为Z世代群体使用互联网的三大首要诉求。移动视频平台作为不断发展的新媒体，也逐渐从只能观看视频这一单一使用模式转变为基于视频分享的交流分享平台，满足Z世代对互联网的社交化使用需求。③

由此可见，Z世代群体有着与前人大不相同的媒介使用习惯，移动化、视频化、社交化是Z世代群体在媒介使用中凸显的主要特点趋势。在传播全球化3.0时代，以"视频＋社交"为核心功能的移动媒体，作为最为契合Z世代媒介使用者的媒介形式，势必将会在未来的传播格局中占据更为重要

---

① 王沛楠、史安斌：《2022年全球新闻传播新趋势——基于六大热点议题的分析》，《新闻记者》2022年第1期。

② 敖成兵：《Z世代消费理念的多元特质、现实成因及亚文化意义》，《中国青年研究》2021年第6期。

③ 穆芊澄：《从"Z世代"看移动视频App的人工智能应用》，《视听》2021年第6期。

的地位。

二、Z世代"内容产消者"：渴望表达，注重参与

在Z世代群体为主导的传播中，传统的受众概念已经完全改变，不仅不再是被动的媒体信息接收者，而且已经成为常规性参与信息传播过程中的"内容产消者"。

所谓"产消者"，是指把为交换而进行的生产活动纳入消费活动中去，使生产与消费合而为一的新型身份。这一概念由托夫勒在《第三次浪潮》中提出，并指出"自我服务"是"产消"活动带来的结果。从这一概念视域下来看，Z世代对媒介信息的介入不仅是对内容的主动选择、有意识地使用，更会在此过程中产生个人判断和二次加工，同时通过社交媒体产生新的信息流。因此，在社交化媒体为主的传播环境中，以Z世代群体为核心的受众实质上已经成为信息传播洪流中的新型"内容产消者"，他们参与信息活动（包括生产与消费）的基点在于满足自身信息需求的自我服务。

从社会心理层面来看，Z世代人群普遍有着较之前辈们更加明显的网络社交心理需求，希望在社交网络营建的虚拟空间中建立个体被感知、被陪伴、被认同的心理感受。对中国的Z世代群体来说，其中绝大多数是独生子女，在现实生活中常常伴有孤独感，往往通过在社交媒体发布信息"刷存在感"，进行内容消费时通过"弹幕"的即时分享和交流互动获得"陪伴感"。[①] 总体来看，Z世代群体热衷于"晒文化"，他们习惯于活跃在各大社交平台表达自己的情感和生活细节，在表达自我个性的同时寻求自我满足感。线上热情、线下冷漠、崇尚科技带来的体验，这些都是他们的显著特点。[②] 有学者指出，Z世代群体热衷于网上社交的原因在于其情感的复杂性。快速接受新事物、压力来临时大幅度的情绪变动、孤独感与焦虑感，这些因素构成了Z世代群体通过网络寻求突破口、慰藉点的原因，同时也构成了他们在网络空间进行内容消费和信息产出的核心基点。

在此心理动因推动下，Z世代群体的表达欲望更加强烈，参与意愿也更加突出。与其他世代不同，Z世代的年轻人在接收到新的传播内容后不是"偷着乐"，反而有着很强的互动、交流、表达、分享和社交的欲望，而这种

① 蔡梦雨：《哔哩哔哩读懂Z世代》，《企业管理》2022年第1期。
② 柴一博：《"Z世代"大学生生活方式的特征及应对策略》，《高校后勤研究》2020年第5期。

交流其实是参与意识的表现，更是不同的文化审美和价值观交流与碰撞的需要。在 Z 世代群体的日常生活中，他们在观看无论综艺或是剧集的视频内容后，往往会前往豆瓣、微博等社交平台分享己见、交流观感。在爱奇艺等流媒体平台观看视频内容之后，则会点进泡泡社区，与其他用户尽情交流自己喜欢的"爱豆"和情节。如果能碰到基于同一个明星、同一个剧的"同好之人"，也可以延伸成为线下生活中交流爱好的伙伴。根据腾讯等社交媒体平台发布的调查数据，Z 世代用户对特定的短视频播放内容有很高的黏性和活跃度，在各种点赞、转发、评论的总量中，有 36％的互动数来自 Z 世代用户。他们不但踊跃参与短视频内容的评论，而且有较强烈的规则意识、公民意识和个性色彩。因此，Z 世代用户不但是传播内容的"目的地"，而且是传播效果的"反馈源"和传播动力的"新引擎"。[①]

在内容生产层面，第一批 Z 世代年轻人已经开始加入媒体从事专业的新闻传播领域工作。随着他们的加入，Z 世代的传播话语已经开始对传统新闻业的语态和报道风格发起挑战。作为"数字原住民"的 Z 世代群体更熟悉数字化的工作方式和内容生产逻辑，他们带来的全新思维模式和内容传播理念能够在一定程度上助推新闻媒体向着真正意义上的数字化转型。更为重要的是，Z 世代群体主导的新闻生产会更明显地改变新闻的语态，以更具亲和力也更符合 Z 世代群体话语习惯的方式提供内容，以吸引更多和他们一样或类似的年轻受众。特别是对于用户规模日益下滑、受众吸引力日渐衰落的传统媒体而言，向 Z 世代传播受众群体转向，以及引入更多 Z 世代的"基因"进入自身的生产循环系统，必将对媒体转型、传播升级起到推动作用。

三、Z 世代的内容需求趋势：碎片化基础上的多维多元

基于 Z 世代人群的媒介偏好和作为"内容产消者"的主体性凸显，新的受众群体对内容的需求也在呈现出新的转变趋势。在基于互联网的节点化传播过程中，信息不断被打碎重塑，进而呈现出高度碎片化的特点。经过多年的研究与实践，网络传播的碎片化特点已经日益成为共识，而 Z 世代群体的受众内容需求，又在碎片化的基础上呈现出多维多元的趋势特点，具体体现在"圈层文化"的崛起、"平台调性"的突出和"虚拟＋二次元"的价

---

① 高菲：《Z 世代的短视频消费特征分析》，《新闻爱好者》2020 年第 5 期。

值内核等。

有研究发现，Z 世代人群对于分享、交流普遍持开放态度，基于平台的内容消费引发主动分享，通过口碑效应吸引同好加入平台，以此不断扩大圈层，产生互相加强的效果。有学者指出，年轻和多元是 Z 世代群体的代名词，他们拥有更为广泛的兴趣爱好，互联网沟通连接的功能使他们能通过网络在更为广泛的时空范畴中找到与自己志同道合的伙伴，并在各种社交平台中组建独特的社交圈层，不断吸引着更多同样兴趣的"盟友"加入。[①] 圈层的形成是特定内容接触者之间的自发行为过程，反之，他们的行为又深受圈层的影响。当一种特定的传播内容积攒了足够规模的受众并且建立起相应的文化认同时，身处其中的受众之间在交流语言、交往习性甚至是情感逻辑和价值观念等方面都有明显的辨识度。随着圈层特征的加强，逐步形成这一圈层独有的文化，也就是"圈层文化"。在此基础上，内容生产的出发点就不能仅仅停留在内容本身，甚或作为单一个体的受众，而要更进一步围绕圈层文化展开，这便是圈层文化的"反哺效应"。对于以 Z 世代群体为核心的受众来说，在是否介入特定传播内容的选择过程中，除了关注到内容本身的属性和特征，更为看中的是它所承载的圈层文化。在他们看来，什么样的标签标识着什么样的圈层文化，也就标识着作为受众的自己，"我是什么样的人"。

圈层的形成，始终与平台的使用相形相伴。因此，"圈层文化"所附属的身份标识，又进一步体现为使用者所身处并在很大程度上认同的"平台调性"。"调性"这个词并非来自学术研究或传媒实践的严谨术语，而是在流量经济快速发展背景下，由 Z 世代群体为核心主导的受众提出，随后由众多投身内容创投的行家里手进一步烘推出来的说法。普遍的认知是，对于内容生产者来说，务须掌握平台调性，才能卡准内容走向、有效提升流量。尤其在 2020 年初，哔哩哔哩（Bilibili，简称 B 站）跨年晚会引发一波关注热潮。一夜过后，B 站不仅在跨年夜的收视大战中大获全胜，更在广大受众口中荣获"最有调性"的视频网站之称。与主流媒体及"爱优腾"等头部视频网站相比，B 站确实与众不同，调性更为突出。作为 Z 世代群体聚集的首要平台，B 站代表的"平台调性"包括：避免过度商业化，强调受众人群细分，注重垂类内容的社群化传播，在加大内容投入的同时注重基于内容的 IP 转化和商业衍生。以 B 站一隅为镜，可以一窥 Z 世代的内容消费趋势下对

①　穆芊澄：《从"Z 世代"看移动视频 App 的人工智能应用》，《视听》2021 年第 6 期。

"平台调性"的期许。有观点认为，强调平台调性必会"窄化"受众群体的覆盖面，缩小内容范畴和传播效应。实质来看，平台调性与广泛覆盖，或者对应到我国主流媒体的公共服务属性，并不是此消彼长的相对关系。平台调性的实质，是基于对受众群体内部异质性的深入探析，在更为了解受众个体需求的基础上实现更为精确的内容领域划分，在每个"圈层"领域内提供更为符合需求的内容。比起"大而全"的大众式传播，反而是"小而美"深耕垂类领域的平台式传播，更符合当下受众的需求。为受众提供更具选择余地的内容，进而也更能实现广泛意义上的受众覆盖。

对于 B 站来说，尽管其中提供的内容广泛涵括诸多领域，但是以游戏和动漫为主体的二次元仍是主打内容和主要营收来源。在 Z 世代群体中，二次元化是内容消费的重要特征，也是 Z 世代传播参与的价值内核。"二次元"是一个典型的跨文化及网络传播的衍生域，原本是日本御宅族文化中意指"二维空间"或"二维世界"的词语，在广泛意义上用来指代由 ACGN（Animation 动画、Comics 漫画、Games 游戏、Novel 小说）内容创造的二维世界以及由此产生的网络文化。从传播视角来看，"二次元"既指向深受 ACG 影响而产生的媒介内容美学风格，更指向由 ACG 所营造的世界感，强调这个世界具有的"架空""虚构""幻想"等性质。有学者指出，"二次元"在价值架构上与"三次元"（三维空间/三维世界）形成对照，而三维立体也即所谓真实还原的视觉影像，因而"二次元"在本质上就是虚拟的。正因如此，加之 Z 世代的年轻群体本身就对新的技术及其应用更为亲近，可以预见，在虚拟现实、人工智能等全新技术加持下出现的全新传播形态，也更容易融入 Z 世代基于二次元的世界架构之中，实现真实与虚拟之间的次元破壁。

根据商业咨询公司艾瑞的测算，2019 年我国泛二次元用户达到 3.9 亿人，意味着二次元文化基本完成了对 Z 世代的全覆盖。[①] 在 Z 世代群体的媒介使用中，娱乐是主要动机，而"二次元"构成了他们日常消费的主体内容。以动画、漫画、游戏、网络小说为基础的二次元内容是该群体最普遍的兴趣爱好，并且已经深深渗透嵌入他们的社交场景和沟通语境之中，表情包是他们的通用语言。在二次元的价值架构体系下，Z 世代群体感性和理性并

---

① 苏宁金融研究院消费金融研究中心：《"Z 世代"群体消费趋势研究报告》，《理财》2020 年第 9 期。

存。他们会为自己的热爱倾注感情，并且乐于表达、不断追逐自己的所爱，但同时也很有主见，不轻易为各种纷乱的信息所动摇，在一些问题上颇为深思熟虑且不轻易改变。[①] 依托互联网和社交型传播平台，他们在其中积极供给 UGC 传播内容，进而实现自我价值和拓展社交圈子。

如前所述，随着 Z 世代群体进入传播场并且逐渐成为其中的重要影响力量，似乎传播主体正在失去或逐渐让渡对传播的控制权，似乎以 Z 世代群体为主的受众正在崛起成为"大权在握"的传播主导者。然而现实远非如此颠覆，内容仍将是 Z 世代的主要需求。在目前的技术环境下，新技术的诞生依然还在带来用户数量的激增。但是反过来看，Z 世代群体在成长过程中已经见证了太多的新技术，他们已经不会再因新技术的出现而感到多么兴奋。随着 Z 世代群体的不断成长，技术带来的引导效果终将出现边际递减效应，真正的竞争最终仍将回归内容领域。[②]

四、Z 世代需求细分：精准传播成主流

Z 世代不是某一用户群体的代称，而是复杂社会群体的聚合。大数据及人工智能等相关技术的发展，使得用户精准分析成为可能，媒体可以将用户分为不同圈层，根据圈层特点定制信息内容、制定推送机制。根据传播心理学的理论，人对传播内容都要经过选择性的接触、理解、记忆，因而大众传播的传播效果必然是有限的，只有根据用户需求细分内容，针对不同用户精准投放信息，媒体才有可能获得预期的传播效果，在传媒竞争愈加激烈的格局下脱颖而出。

在 Z 世代群体中，更加凸显出"人以群分"的社交取向。腾讯新闻全媒派 ConTech 数据实验室与北京大学视听传播研究中心共同发布的《2019 腾讯新闻短视频 Z 世代用户研究报告》显示，Z 世代用户的短视频消费分布和消费偏好在人口统计学方面的特征更加明显，他们的内容消费偏好与其性别、学历和所处地域密切相关，表现出明显的类聚倾向。例如就性别比例来说，2019 年上半年短视频用户的男女比例为 62：38，而中国网民同期的男女比例为 52：48。这说明，中国的短视频用户中，男性更多。从学历上看，

---

① 彭振刚：《"Z 世代"国际传播策略与实践路径研究》，《对外传播》2021 年第 7 期。
② 江坤：《"Z 世代"登场与传播的再审视》，《声屏世界》2021 年第 13 期。

中国短视频用户的平均学历水平高于中国网民的平均学历水平。[①]

有学者研究发现，不同年龄段的 Z 世代短视频用户体现出不同的内容需求，年龄区隔更加明显，这是内容供给足够充分、内容市场充分竞争的结果。在内容供给不断增加的大趋势不会改变的前提下，随着 Z 世代群体的不断成长，其对内容需求的进一步增加势必将会要求内容生产更加精细化，产品设计更有针对性。在这样的需求下，真正大众化的产品将不复存在，所有希望得到不加区分的大众喜爱的产品，最终都将被"大众"所抛弃。[②]

深谙年轻人喜好的知名音乐厂牌"有此山"创始人奚韬曾这样释疑 Z 世代："不应该把年轻人当成一个群体来看，因为年轻人的特性本身就是多元化的……要尊重年轻人多元化、多认知、个性化的特性，在年轻人整个族群里找到不同的方向。"另据数据智能科技行业观察机构 Mob 研究院推出的《Z 世代大学生图鉴》，相关数据显示，2021 年国内的 Z 世代群体约为 2.6 亿，在多元化、多认知、个性化的特性驱动下，2.6 亿人的庞大规模不应该只有微信、QQ、微博等头部产品，从细分场景、垂直领域入手才有探寻到社交新赛道的可能。[③] 另一行业咨询机构 QuestMobile 提供的数据也显示，Z 世代人均使用 App 达到 30 个。在垂分类别上，B 站拥有 15 个版块和 7000 多个核心圈层，受众可以依据自己的喜好寻找相应的分区。[④]

作为传播全球化 3.0 时代的传播主体和内容消费主体，Z 世代与以往各世代体现出很多的差异。Z 世代群体从小生活在互联网普及的年代，他们善用新媒体，热衷于社交网络，对网络的依赖性强。他们热衷于表达和展示自己，热衷于对信息进行二次创作。他们深度接触泛二次元文化，在此基础上形成自己的社交圈层和彼此交流的网络语言体系及价值架构。在传播全球化 3.0 不断深入的当下，X 世代、Y 世代已经步入中年，人生观和价值观已经基本固定，很难再因为外界信息轻易改变。对于传播者来说，Z 世代不仅将是国内传媒市场的主体力量，更将是国际传播的首要目标群体。有调研数据

① 高菲：《Z 世代的短视频消费特征分析》，《新闻爱好者》2020 年第 5 期。
② 江坤：《"Z 世代"登场与传播的再审视》，《声屏世界》2021 年第 13 期。
③ Mob 研究院：《Z 世代大学生图鉴》，2019 年 9 月 11 日，https://weibo.com/ttarticle/p/show? id=2309404415293635035255 ♯ _loginLayer_1692735529110，访问时间：2023 年 5 月 17 日。
④ QuestMobile：《2020 "Z 世代" 洞察报告》，2021 年 1 月 12 日，https://ishare.ifeng.com/c/s/v002duHD6sNMCf--i4hK3nm0syb4lMJFz9GOhTeWokxIXicQ，访问时间：2023 年 5 月 18 日。

显示，Z 世代也是国际传播能够争取的对象群体。[①] 因而我们务须深入了解
Z 世代群体的媒介使用习惯和传播内容需求，从契合 Z 世代受众群体的逻辑
基点出发推进传播。

---

① 据中国外文出版发行事业局（中国国际传播集团）所属当代中国与世界研究院（前身为成
立于 2004 年的中国外文局对外传播研究中心）自 2012 年连续开展海外调研并发布的《中国国家形
象全球调查报告》，中国在整体形象保持稳定、海外认知度稳步提升的总趋势下，年轻人对中国的
印象较之其他年龄人群更为积极。

第二章　多种新的传播形态

　　传播学界知名学者彭兰教授曾说，我们深度嵌入互联网世界中的生活状态已经"从文字化生存到视频化生存"①，我们已经进入了一个全新的传播时代。在传播全球化深入到 3.0 阶段的宏观背景下，以视频为核心的视觉传播已经成为人类社会传播活动的主导，尤其在包括 5G、虚拟现实、人工智能等传播技术及元宇宙等概念范式的推动下，传播活动日益活跃，传播市场日益繁荣，传播产业日益兴盛。在此背景下，我们也迎来了视听传播、网络直播以及其他一些创新的传播形态。在传播内容丰富的同时，传播形态本身也日新月异，带来了诸多新的可能性。

第一节　视听行业的繁荣

　　中国的网络视听行业发轫于 21 世纪之初，至今已经走过 20 多年时间，保持稳定增长的同时开始进入调整转型期。近年在网络传播技术、视觉呈现技术的高速发展推动下，尤其是 4G 到 5G 的通信传输技术升级，传媒行业也迎来了整体升级发展的全新契机。与此同时，在国家政策和战略规划的支持推动下，网络视听行业进入战略发展的快车道。2021 年 3 月公布的《中华人民共和国国民经济和社会发展第十四个五年规划和 2035 年远景目标纲要》明确提出，要健全现代文化产业体系。加快发展新型文化企业、文化业态、文化消费模式，壮大数字创意、网络视听、数字出版、数字娱乐、线上演播等产业。国家广播电视总局印发的《关于推动广播电视和网络视听产业高质量发展的意见》也提出，到 2025 年广播电视和网络视听产业结构和布局更加优化，形成新时代大视听全产业链市场发展格局。同时，网络视听产

---

　　① 彭兰：《视频化生存：移动时代日常生活的媒介化》，《中国编辑》2020 年第 4 期。

业也已被纳入国家战略性新兴产业投资领域。在此背景下，网络视听行业迎来了精品迭出、新业务与技术加速探索应用、环境日益清朗的发展态势。当前，跨屏传播形成产业布局，跨界融合打造综合服务，产业价值链条融合再造，共同构成了网络视听发展的趋势前景。

中国网络视听行业的起源众说纷纭，争议核心在于缺少一个具有里程碑意义的公认事件或节点。较早一种观点将 1996 年中央电视台国际互联网站（cctv.com）的建立和试运行作为开端；另有说法以 2004 年乐视网创办，或土豆网正式上线的 2005 年作为起始线；也有学者认为要从 2006 年在线视频网站的集中出现并形成规模化产业开始计算。划分标准不同，但又各具其理。而如果将网络视频作为一种独立的，民众能够参与、观看和消费的媒介产品来看，那么这一起点必须追溯到 2001 年 8 月，中国网络交互式电视点播系统 VOD（Video On Demand）服务的正式出现。此后，大众才开始真正获得主动选择和接受网络视频服务的权利，并能够根据自己的兴趣意愿选择屏幕上播放的内容。

从 2000 年前后开始算起，网络视听行业在中国的发展历程，可以大致划分为以下三个阶段。

一、起源发展：由参与性引发的质变（2001—2006）

作为一种新的传播形态，网络视听与传统视听行业相比，最为关键的不同在于新的服务形式对大众参与权利和参与性的赋予。尽管这种参与仍然有限，却已经初步具备了作为媒介"沟通来回"的基本属性。从"Web 1.0"时代到"Web 2.0"时代，带来的不仅是网络基础架构的变革，同时也是参与者由少到多、由单向到双向，进而到多人参与、共同互动的本质飞跃。新的网络架构赋予了用户亲自动手创作内容的可能，用户身份从信息商店的被动消费者"翻身"成为主动生产者，或两者兼备（即产消者"Prosumer"），这一转变极大地解放了网络用户的生产力，让《一个馒头引发的血案》这类草根原创作品的诞生成为可能。互联网的信息容量由此开始呈现几何级增长，并引发了一系列连锁反应，首先是带动了土豆网（2005）、酷 6 网（2006）、优酷网（2006）等一大批耳熟能详的网络视频网站爆发式集中出现，连带催发了用户生成内容（UGC）、专业生成内容（PGC）等概念的萌生。至此，网络视频产业链条趋于完整，并逐步过渡到当下网络视频的服务形式，进而出现点赞、评论、留言和分享等一系列参与方式和互动功能。可以说，从网络视频诞生伊始就伴随着参与式文化的协同发展，互动性、参与性和共享性是网络视频的原始属性和基本底色。

二、承上启下：粉丝参与和再部落化（2007—2015）

2007 年 6 月，一家以"弹幕"为特色的小型视频网站 AcFun 正式成立，这家被称为"A 站"的视频网站与另一家成立于 2009 年的弹幕视频网站 Bilibili（B 站）在日后迅速成为中国青少年 ACG 爱好者的聚集地，并形成了极具个性化特征的广大粉丝群体。以 2022 年一季度数据为例，B 站月均活跃用户同比增长 31%，达到 2.94 亿，用户日均使用时长达到创新高的 95 分钟。[①] 弹幕这一互动形式借鉴于日本 2006 年建立的视频网站 Niconico，"弹幕"的描述最早也来自日语中的"danmaku"一词，是一种真正亚洲本土化的网站参与形式，带有强烈的东亚地域性文化色彩。同时，亚文化的繁荣进而推动和衍生出更加多元的参与表现形式。如混剪视频也在这一时期开始真正成为一种普遍的流行文化，并诞生了名为"鬼畜"的全新视频类别。用户利用已有的视频资源进行重新剪辑，根据自己的思想进行二次创作，并以此呼应现实世界，参与视频剪辑甚至成为一种交流路径与思想表达方式。至此，中国的网络视频文化实际已经迈向了一条有别于西方，极具自身特色的发展路径。

AcFun 和 Bilibili 两家网站的成立和发展标志着中国亚文化爱好者群体的快速崛起，随后大量同类型网站也相继建立，壮大了这一阵营。与此同时，越来越多新建立的视频网站开始聚焦于特定喜好的细分化用户群体，如"人人视频""天天美剧"等网站成为美剧爱好者的聚集地，而"韩剧 TV"则主要面向偏好韩剧的粉丝群体。各大资本团体也先后入局，并逐渐形成了以"爱优腾"为代表的大型综合视频网站。尽管如此，各头部视频网站的侧重领域不尽相同，如网络电影成为爱奇艺的优势项目，腾讯在网剧版块发力广见成效，分别形成了自身特色。在这一阶段，视频网站跑马圈地，细分化进程持续加速，领域精耕特征日益明显。而用户则呈现"部落化"聚集，依据爱好自发构成小众文化圈层，用户群体画像开始细分。同时，粉丝凭借自

---

① 金融界：《B 站发布一季度财报：月均活跃用户达 2.94 亿，用户日均使用时长 95 分钟创历史新高》，2022 年 6 月 9 日，https://usstock.jrj.com.cn/2022/06/09201636717119.shtml，访问时间：2023 年 5 月 18 日。

身强大的创造力，会依据个体喜好创作出具有独特圈层文化色彩的内容，并在各部落圈层内部加强参与和互动，进而产生一系列连锁反应，推动参与式文化的整体转变与创新。

如果仅从外在形式对这一现象进行观测，弹幕视频较其他视频增加的仅是一套外嵌式的实时字幕系统。但就用户的实际体验而言，沟通交流的实时性和粉丝的集聚性才是使用户的参与需求得到极大满足的根本原因。有关研究数据显示，视频的弹幕信息量在用户生成内容中的占比在不断增长，显示出用户对于这一参与功能的依赖性和对交流平台的广泛需求。这种趋势同时也反映出在该发展阶段，用户的参与开始更大程度上由身体转向精神，更多地对内心进行探索，向外部主动地传播讯息以寻求对文化偏好与自我情感的公众认同，并在此过程中完成对再部落化的精神家园的构建。

三、转折变革：从技术革命到全民参与（2016—2020）

2016 年注定要成为网络视频史上浓墨重彩的一页。这一年伊始，网络视频内部开始出现分化，逐渐产生了网络视频的发展方向是"长"还是"短"的形态之争。战局很快发生了巨大的转折，长视频的战线被不断挤压，"短视频"一词冲上了搜索指数的高峰，以抖音为代表的短视频平台开始崭露头角。短视频的兴起顺应了时代的趋势，是媒介不断进化和环境适应的结果，满足了现代人时间的碎片化趋势，并很快在播放的总时长上接近再到超过了传统长视频的播放时间水平。短视频终究"积短成长"，显示出了独特优势。这一翻转并非一蹴而就，而是过去若干年网络视频积累的海量用户基础在技术革命推动下所共同催生的质变。技术的革命来源于硬件与软件两个方面：一是移动化终端的快速普及，智能手机成为普通用户的首选，硬件的升级使短视频类应用获得了更多设备的支持；二是 4G 网络发展经过两年时间的推进，已经大范围覆盖了主要用户群体所在区域。这两项技术革命共同主导的结果是用户作为产消者的门槛被进一步降低，消费变得更加容易的同时，生产过程也得到了简化，时间和空间的限制被逐步打破，"随时随地想拍就拍"为短视频解放了劳动力的束缚。

自 2020 年以来，新冠肺炎疫情给大众的工作生活带来了无处不在的巨大冲击，短视频、慢直播等形式多样的网络视频服务不仅在"封城闭户"之下为民众提供了闲暇时光的消遣，更为大众带来了最新资讯的报道跟踪。面对新冠肺炎疫情，民众线上线下共同参与疫情防控，了解相关信息，响应国家号召，对疫情的有效控制产生了多方位的积极影响，实现了全民参与、全民抗疫。短视频的推送与流量分配大幅度向抗疫内容倾斜，优先推荐重要的新闻资讯，对信息的轻重缓急做出了优化排序，实现了全民抗疫之下网络媒体议程设置功能的有效利用。网络视频实际上成为几乎可以容纳全体网民共同参与的中间媒介，人的社会化属性在短视频平台中被再次分解重塑，实现了从小众参与到大众参与，乃至全民参与的深层文化变革。

2021年以后，网络视听行业进一步迈入了以媒介融合为中心驱动的全新发展阶段。经过20余年的发展，中国网络视频的发展历程反映了参与式文化的演变，呈现出从个体走向群体，从小集体走向大集体的总体特征，并促使大众与社会的内在联系变得愈加紧密。当下网络视频平台已经在实质上具备了长短视频播放、视频直播、社交互动以及电商卖货的综合属性与多元功能。随着媒介功能的重组与融合，以视觉传播为主体的传播形态已经随着用户参与力量的推动，逐渐开始走向媒介融合的核心位置。

第二节 网络直播兴起

在网络视听的行业图景内，网络直播是非常重要的一个领域。从内容形态来看，视觉传播是网络传播的主导内容，网络传播以分享、点播、参与为基础的核心特点都在网络直播当中得到最为突出的表现；从技术应用来说，网络直播是在视频流基础上，通过对实时传播技术的应用，让视觉传播达到时效性、在场性的最大化。最重要的是，网络直播符合网络时代大众的传播需求。大众流行文化的代表性人物安迪·沃霍尔曾经说："每个人都可能在15分钟内出名。"而网络直播的平台化普及，让沃霍尔的预言在最大限度上落地成为现实。

对于网络直播，学界和业界并未形成一致的界定。根据国家网信办发布的《互联网直播服务管理规定》，网络直播是指"基于互联网，以视频、音频、图文等形式向公众持续发布实时信息的活动"。[①] 在此界定下，网络直播的内容范畴相对较为宽泛。有学者提出，网络直播并不是一种新的视觉传

---

① 国家互联网信息办公室：《互联网直播服务管理规定》，2016年11月4日，http：//www.cac.gov.cn/2016−11/04/c_1119847629.htm，访问时间：2023年5月18日。

播形式，而可以视为传统广电媒体直播形式的延伸，或者说是网络电视的直播内容形态。彭兰教授在《中国网络媒体的第一个十年》中谈到，在1999年，"中央电视台网站采用视频直播形式对澳门回归祖国的仪式进行了全程直播"。①《人民日报》网络版也在相关报道中，不仅发布大量文字、音频报道，还于12月19日9时起，进行了长达48小时的不间断直播。不少学界业界专家都将这一事件视为网络直播的起始节点，作为研究网络直播的重要参照，进而认为：这一类型直播在具有电视直播的仪式感的同时，还具有网络媒体的草根性，具有极强的即时交互性。然而从传播形态的本质属性来看，这种基于网络电视的直播形式，与广电媒体的传统直播并无根本差别。

另有观点认为，网络直播的初始形态早在网络视频的初期阶段就已经出现。早在2005年前后，新浪推出了视频聊天平台新浪Show，搭建起一个多人实时在线聊天的公共平台，除了以文字和图片为主的聊天模式之外，引入了实时的视频影像，使得社交互动更加生动。网络聊天室与网络直播有诸多相似之处，通过实时的影像同步实现网络公共空间的交互和参与。在此基础上，部分具有较高传播特质的用户逐渐人气看涨，聚拢了一定数量的粉丝群体，具备了专门的"表演"性质，并且逐步形成特定的商业模式。在此背景下，网络直播的初步模型已经基本形成。2014年前后，随着网络游戏从单纯的娱乐转向电子竞技，催生了一大批游戏直播平台，斗鱼、战旗、虎牙、龙珠等直播平台遍地生花。在此推动下，网络直播迅速形成市场规模。

普遍认为，2016年是中国的"移动直播元年"，成为网络直播发展历程中的一个革命性节点。截至2016年12月，"网络直播的用户数为3.44亿，占网民总体的47.1%"。②除了市场体量上的强势增长，核心的变化就是直播传播的媒介由电脑转到手机。每一种技术都有某种时间和空间的偏向性。空间偏向的媒介轻便、可携带，而且可以在空间上延伸；时间偏向的媒介笨重、耐久，或者像口语传统，持久而不易损坏。而在某种意义上，台式电脑依然是一种时间偏向属性的媒介，与手机等移动设备相比，在便携性上要差

① 彭兰：《中国网络媒体的第一个十年》，清华大学出版社，2005年，第67页。
② 中国互联网信息中心：《第39次中国互联网络发展状况统计报告》，2017年1月22日，http://www.cac.gov.cn/2017-01/22/c_1120362500.htm，访问时间：2023年5月18日。

很多。而手机作为"贴身媒体",则打破了时空的局限,实现了空间领域内信息的共时性传播。因此,"它与网络直播的耦合赋予了直播应用更为丰富的场景,使得人人直播、随时随地直播成为可能"。①

一、网络直播的类型划分

在"全民直播"的号召下,各种形式、各种内容的直播如雨后春笋般出现,网络直播的基本类型也大致形成,主要包括秀场直播、电商直播和其他细分领域的垂直直播,以及形式多样的泛娱乐直播。另外,在虚拟现实技术及其接入设备逐渐普及的当下,还出现了 VR 直播等新的类型。

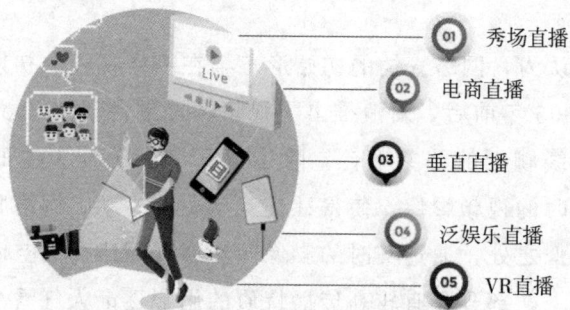

01 秀场直播
02 电商直播
03 垂直直播
04 泛娱乐直播
05 VR直播

图 2 - 1　网络直播的分类

(一) 秀场直播

顾名思义,秀场直播的内容主要是各种形式的表演,以"秀"为主。这类网络直播在 2005 年前后就已经开始初具雏形,从网络视频聊天平台衍生而来。2006 年 5 月上线的六间房被认为是国内秀场直播的开先河者,将秀场直播的内容生产由"观看"为基础带入以"社交"为核心的新生态。秀场直播的主播大多是帅哥美女,以唱歌跳舞等才艺作为"秀"的核心卖点。秀场直播的主要盈利模式是主播表演、粉丝打赏、平台抽成。受到内容质量问题影响和短视频等新兴平台冲击,秀场直播近年处于下滑态势。截至 2021 年底,真人秀直播的用户规模为 1.94 亿,占网民整体的 18.8%。② 目前,映客、陌陌、YY 等都是以秀场直播为主的网络直播平台。

---

① 刘瑞一:《中国网络视频的缘起与流变 (1996—2020)》,人民日报出版社,2021,第 116 页。
② 中国互联网信息中心:《第 49 次中国互联网发展状况统计报告》,2022 年 2 月 25 日,ht-tps://www.cnnic.net.cn/n4/2022/0401/c88-1131.html,访问时间:2023 年 5 月 19 日。

（二）电商直播

从出现的时间先后来说，电商直播属于网络直播内容类型中的后起之秀，但是在用户体量和市场影响上已经后来居上。其主要是通过网络直播的方式，进行各种商品的推介、销售。初期有斗鱼等平台上出现的商家推荐，后来经过平台化发展，各种产品都开始通过网红、明星进行推广营销，逐渐形成规模。由明星等非专业主播进行的电商直播，也被称为"直播带货"。尤其在新冠肺炎疫情期间，由于线下经营活动受到限制，各大行业通过直播进行产品的宣介、销售成为主要渠道。仅 2020 年上半年，全国电商直播就超过 1000 万场，活跃主播人数超过 40 万，观看人次超过 500 亿，上架商品数超过 2000 万。[①] 截至 2021 年底，电商直播用户规模为 4.64 亿，同比增长 7579 万，占网民整体的 44.9%。[②]

（三）垂直直播

垂直直播指的是各种垂直主题领域的网络直播，尤其以游戏直播、体育直播等热门垂直领域为主。其中，游戏直播是网络直播兴起阶段最重要的垂直领域。最早在多人在线游戏《魔兽世界》风靡之时，由于玩家互相之间需要配合而形成"游戏＋实时语音"互动的模式，后来逐渐形成单独的游戏直播业务，斗鱼、虎牙等直播平台均以游戏直播为主营内容。随着网络电竞成为快速发展的新兴行业，围绕电竞展开的赛事直播和个人直播都受到广泛关注。相较于游戏直播作为网络传播时代的新生事物来说，体育一直都是直播领域的重中之重。除了传统广电直播之外，在网络直播中也形成了重要的垂直领域。在重大体育赛事和国际职业体育赛事的推动下，网络高清直播技术进一步成熟，用户对于付费观看的模式也更加认可，体育直播行业迎来新的发展机遇，腾讯、字节跳动、快手等大型互联网企业也先后与海内外体育赛事版权方达成合作，进一步拓展了体育直播的赛事范围。截至 2021 年底，游戏直播的用户规模为 3.02 亿，占网民整体的 29.2%；体育直播的用户规模为 2.84 亿，占网民整体的 27.5%。[③]

---

① 中国互联网信息中心：《第 46 次中国互联网络发展状况统计报告》，2020 年 9 月 29 日，https://www.cnnic.net.cn/n4/2022/0401/c88-1124.html，访问时间：2023 年 5 月 19 日。

② 中国互联网信息中心：《第 49 次中国互联网络发展状况统计报告》，2022 年 2 月 25 日，https://www.cnnic.net.cn/n4/2022/0401/c88-1131.html，访问时间：2023 年 5 月 19 日。

③ 中国互联网信息中心：《第 49 次中国互联网络发展状况统计报告》，2022 年 2 月 25 日，https://www.cnnic.net.cn/n4/2022/0401/c88-1131.html，访问时间：2023 年 5 月 19 日。

（四）泛娱乐直播

在网民网络使用时间普遍延长的背景下，网络直播领域也出现了很多新的内容类型，包括综艺直播和演唱会直播等，可以统称为泛娱乐直播。其中，哔哩哔哩作为Z世代群体中最受欢迎的网络文化聚集地，在推动泛娱乐直播兴起的过程中起到突出作用。2019年，B站首次推出了自制的"跨年晚会"，在充分发挥自己作为年轻文化社区的基因优势基础上，以影视、动漫、游戏三大类IP内容为主，加上交响乐的创新演出模式，将B站独有的ACGN文化与主流年轻圈层文化融合，让各圈层内容IP以可视化、音乐化的方式呈现出来，使其在2019年引爆网络热议，2020年人气峰值突破2.5亿，2021年直播全程最高人气超过3.1亿。在跨年等众多综合泛娱乐直播的推动下，其他垂直领域的直播也越来越受欢迎。2021年12月17日，微信视频号上线名为"所爱越山海"的西城男孩线上直播演唱会。这场演出创造出2700万人观看、1.6亿点赞的数据，微信指数显示当天"西城男孩"达到近1.8亿的超高搜索热度，次日更是达到了10亿次。可以说，这次现象级的演唱会直播，直接将这一直播形态推到了公众和市场的面前。此后，抖音、快手等短视频巨头也纷纷入局，五月天、崔健、罗大佑等越来越多的知名歌手和乐团组合也都纷纷参与到演唱会直播当中。截至2021年底，演唱会直播的用户规模为1.42亿，占网民整体的13.8%。①

（五）VR直播

VR直播即虚拟现实直播，也称VR全景直播。通过VR直播的视角，可以以360度全视角看到直播的现场。受众不仅可以跟随镜头观看特定现场画面，而且可以通过自主控制调整镜头上下左右移动，进而产生身临其境般的沉浸体验。与前几种直播类型相比，VR直播并非一种新的内容形态，而是在技术推动下直播样态出现的全新呈现方式。事实上，VR直播在几年前就已走入了大众视野。2016年，直播平台花椒发布了国内首个VR直播平台。2017年的中央电视台春晚采用VR制作技术，通过360度全景拍摄，将备播区演职人员紧张有序的化妆、排练、准备等台前幕后的场景展现出来，受众可以通过央视影音、央视综艺春晚和央视资讯三个移动端App接收VR直播内容。然而，当时的网络传输能力大大限制了VR直播的效果和

---

① 中国互联网信息中心：《第49次中国互联网络发展状况统计报告》，2022年2月25日，ht-tps://www.cnnic.net.cn/n4/2022/0401/c88−1131.html，访问时间：2023年5月19日。

影响。2020 年以后，大带宽、高传输、低延迟的 5G 网络得以广泛覆盖，为
VR 直播的发展完成了基础设施搭建，为多视角自由切换等操作提供了可
能，真正意义上的 VR 直播开始快速发展。同时，随着各种 VR 接入设备的
普及，VR 直播的受众市场也在逐步形成。除了春晚的首次试水，总台还在
国庆大阅兵、全国两会、东京奥运会、北京冬奥会等重大活动的报道中，都
采用了 VR 直播的形式。在疫情期间"云＋"线上经济快速发展的背景下，
各地也兴起了 VR 直播旅游的热潮，以 VR 直播为技术基底的"云旅游"
"云参观"纷纷上线。抖音、快手、哔哩哔哩、爱奇艺等均已开设 VR 直播、
VR 视频相关的功能版块，其中爱奇艺宣布自建 VR 直播平台，快手也宣布
将全面支持全景 4K 视频和直播播放。

图 2－2　2020 年央视频推出春晚 VR 直播

（图片来源：央视频 App）

目前 VR 直播主要是娱乐直播,以生活、游戏体验等领域为主,可提供的沉浸感较弱。相对来说,VR 直播的成本很高,主播端和用户端的设备投入成本较高,较高的门槛在一定程度上限制了 VR 用户群体的扩大,因此 VR 直播发展相对较慢。但是在疫情的特殊市场背景下,VR 直播的需求大幅增长。据统计,VR 直播在 2019 年时的市场规模是 9.4 亿元,2020 年增长至 11.2 亿元。另据高盛发布的 VR 行业权威报告《VR 与 AR:解读下一个通用计算平台》,游戏、直播和视频娱乐将占整体 VR/AR 营收预期的 60%;预计 2025 年 VR 直播的市场营收规模将达到 41 亿美元。高盛和赛迪顾问的统计数据显示,2021 年至 2025 年,全球 VR 直播规模将从 11.61 亿美元增至 41.13 亿美元。[①]可以说,VR 直播是视频传播行业下一阶段的未来走向。

另外,也有学者从网络直播是否有表演因素为标准,将其划分为两个类别:一是表演性质的网络直播,二是实录性质的网络直播。前者包括了秀场直播、游戏直播、泛娱乐直播等内容类型,后者则是各类场景、活动或事件的实时直播,如体育直播、旅游景点直播等。[②]

二、网络直播的五大特点[③]

作为一种独特的内容形态和传播方式,网络直播具有自身的特点。有学者以"主体的离散化,内容的异质性,视角的私域化"[④]来概括网络直播的特点。可以看到,上述三点不仅指向直播,基于网络技术的传播形态基本都具备这样的特点。随着网络直播的发展,更有学者用"移动直播"和"小屏直播"来作为网络直播的同等名词。但是我们也可以发现,"移动直播"更多是与传统网络直播相对,强调移动互联网技术,尤其是 5G 的到来,给网络直播带来了移动化、便捷化新趋势;"小屏直播"则是与包括电视、电影以及 PC 电脑等在内的大屏相对,小屏幕的可视形式,尤其是智能手机。依托于小屏的网络直播,在响应快速、视角灵活、形式多样等方面具有传统大屏直播难以比拟的优势。

---

① 腾讯网:高盛报告《VR 与 AR:解读下一个通用计算平台》,2016 年 2 月 2 日,https://tech. qq. com/p/topic/20160202010706/index. html,访问时间:2023 年 5 月 20 日。
② 闫玉刚、刘自雄:《大众文化通论》(第三版),中国广播影视出版社,2017,第 171 页。
③ 本部分内容参照王乃考:《直播经济——"互联网+泛娱乐"时代的连接变革》,中国铁道出版社,2017,第 4—6 页。
④ 刘瑞一:《中国网络视频的缘起与流变(1996—2020)》,人民日报出版社,2021,第 208—213 页。

从整体考量来看，网络直播的传播形态具有以下五大特点。

图 2-3　网络直播的五大特点

第一，共时性。直播内容都具有明确的时间框架，是特定时间内完成实时内容的即时传播。因而，时间成为影响受众群体是否参与直播的最大限制条件。随着高速移动网络技术的普及，接收网络直播的终端设备已经越来越多元，同时移动终端设备又为受众接收网络直播内容提供了多元的场景适配。也就是说，在网络直播过程中，受众的观看行为可以与日常行为共时推进。从另一方面来说，由于接收终端的多元化，还可以进一步实现多屏同看、多屏互动、多屏协同。

第二，互动性。互动性是网络直播与传统直播的最大区别。传统直播属于线性传播模式，以从传播者到受众的单向传播为主。而网络直播则是节点化的多元传输，基于网络的用户不仅可以接收内容，同时可以与传播者、其他受众进行实时的沟通互动，既可以通过评论、弹幕直接发表意见，也可以通过点赞、推荐表达传播意向。互动行为以及互动生成的二次文本，已经成为网络直播的传播内容、传播文化的重要组成部分。

第三，灵活性。网络直播的灵活性主要体现在三个方面：一是内容采集非常灵活。网络用户的内容需求多样化，网络直播的题材选择也较少受限，利用简单的设备和场景就可以开始直播。二是内容发布非常灵活。借助于专业的网络直播平台，几乎随时随地就可以开启一场网络直播。三是内容接收非常灵活。只要有移动网络覆盖，一部智能终端设备随时随地可以登录平台接收网络直播内容。

第四，大众化。随着行业化的高度发展，平台技术越来越成熟，网络直播的门槛越来越低，参与网络直播的人群范围已经高度接近中国的网民整体。目前中国网络直播的用户规模已经超过 7 亿，占到网民总数的七成。网络直播已经远远超出单纯的娱乐范畴，成为高度大众化的表达方式和生活方式。

第五，平等性。在传统媒介时代，直播是一种高度依赖于传播技术和内容资源的传播类型。正因如此，传统直播实质上是精英式，甚至是垄断式的。基于网络的直播，在深层次上打破了这种模式，将参与内容制作、选择传播内容、发出传播反馈等环节的自主权力赋予了更为广泛的公众群体。同时，网络直播的完成，也是由参与其中的所有主体共同实现的，网络直播拥有平等参与、共同实现的开放文化。

三、网络直播的应用场景

根据广电总局发展研究中心的报告，到 2020 年底，开展网络直播业务的网络视听平台已经超过 100 家，机构类型包括综合视频平台、短视频平台、网络直播平台、电商平台等。[①] 随着网民上网时长的进一步增长，网络直播已经成为很多网民休闲娱乐的重要方式。截至 2021 年底，我国网络直播用户规模达到了 7.03 亿，同比增长 8652 万，占网民整体的 68.2%。[②] 与此同时，"数字化转型"成为实体经济各个行业面临的当务之急。万物互联时代的到来，促使经济社会的下层建筑重构，数字产业化、产业数字化，互联网、大数据、人工智能和实体经济深度融合势在必行。

在国家政策的大力支持推动下，网络视听行业整体迎来了繁荣发展的红利阶段。《中华人民共和国国民经济和社会发展第十四个五年规划和 2035 年远景目标纲要》中就明确提出，"加强网络文明建设，发展积极健康的网络文化"，更进一步指出要"充分发挥海量数据和丰富应用场景优势，促进数字技术与实体经济深度融合，赋能传统产业转型升级，催生新产业新业态新模式，壮大经济发展新引擎"。[③] 另外，随着 5G 网络、数据中心等新型基础设施建设的加速发展，网络直播与传统实体经济以及其他新兴经济产业有机结合，成为产业转型、模式重构、机制创新的全新逻辑起点和支撑平台。

在此背景下，网络直播本身所具有的内容与商业双重属性得到充分发

---

① 赵京文：《网络直播发展报告》，引自国家广播电视总局发展研究中心编著：《中国视听新媒体发展报告（2021）》，中国广播影视出版社，2021，第159页。
② 中国互联网信息中心：《第49次中国互联网络发展状况统计报告》，2022年2月25日，ht-tps：// www. cnnic. net. cn/n4/2022/0401/c88—1131. html，访问时间：2023年5月19日。
③ 中国政府网：《中华人民共和国国民经济和社会发展第十四个五年规划和2035年远景目标纲要》，2021年3月13日，https：// www. gov. cn/xinwen/2021—03/13/content＿5592681. htm，访问时间：2023年5月20日。

挥，越来越多的行业主体纷纷主动加入直播领域，通过直播媒介压缩产业链条中间环节，实现直达受众/用户群体，倒逼市场流通升级。尤其是，随着中小城市以及乡村经济深度激活，网络基础设施建设和网络服务接入广泛普及（截至 2021 年底，我国城镇地区互联网普及率为 81.3%，农村地区互联网普及率为 57.6%，较 2020 年底提升 1.7 个百分点①），以电商为代表的数字化服务进一步向四五线城市及乡村下沉，带来城乡双向消费交流互动，为网络直播带来了可观的市场前景。

在数字经济发展吸引力与政策规制约束力的双重力量推动与指导下，网络直播开始走上新的发展车道。一方面在内容上提质升级，发展初期庸俗化、媚俗化的泛滥得到整治清理，大量优质内容进入网络直播的生态圈；另一方面平台化的趋势越发明显，网络直播越来越凸显其作为技术工具，在不同行业领域中的深度嵌入可能，通过"直播＋"重塑应用场景，实现传统产业的数字化链条延伸。当前，"直播＋"的应用场景主要包括以下几种。

图 2-4 "直播＋"应用场景延伸

（一）"直播＋新闻"

在主流媒体推进媒体融合的进程中，如何充分应用新媒体的内容方式与传播平台，实现新媒体内容的原生自发生产？"直播＋"进入主流媒体的融合场域新闻生产传播流程中，使得传统媒体的专业优势、技术优势和资源优势得以焕发新的能量，重新确立了主流媒体在融合传播中的权威地位。在对疫情防控、北京冬奥会、载人航天飞船发射以及俄乌冲突等国内国际重大新闻事件的报道中，主流媒体都广泛采用了网络直播的形式，不仅大大提升了新闻报道的时效性、现场性，同时通过实时交互增强了受众在新闻事件中的参与感、临场感。

---

① 中国互联网信息中心：《第 49 次中国互联网络发展状况统计报告》，2022 年 2 月 25 日，ht-tps：//www.cnnic.net.cn/n4/2022/0401/c88-1131.html，访问时间：2023 年 5 月 19 日。

（二）"直播＋电商"

传统商业模式中，广告是商业营销的主要手段，商家往往要通过各种大众媒介渠道让广告抵达潜在用户。这种以大众传媒为基础的广告，在表达方式和传受互动方面都受到单向媒介传播的诸多限制。通过网络直播技术的应用，网络场景与消费场景交互，为商业营销提供了新的资讯平台与商业模式。用户通过网络主播的讲解、演示、回应，较之以往的电商渠道可以获取更加多维立体的商品信息，与特定主播之间还会形成一定的情感关联。而网络主播也会通过特定时间、不定时间推出"秒杀""宠粉"等营销活动，增加营销售卖活动的吸引力和诱惑力。因此，网络直播间的消费行为经常具有一定的非理性因素。

（三）"直播＋教育"

网络直播的拓展应用场景中，教育是相对较早进入行业视野的领域。早在2014年时，国内的一些教育机构就已经开始推动在线教育的发展，包括多贝网、YY教育等纷纷上线。在线教育的普遍局限——单向传播、互动不足等，在直播技术的介入下得以解决。到2016年前后，资本市场和平台机构纷纷入场，开始大力推动直播教育的发展，各大知名院校和教育机构也争相进驻。在受众群体上，直播教育在成人教育和教学辅导领域率先打开市场。从国家的教育战略部署层面来看，政策导向强调以教育信息化推进教育现代化，不仅是社会发展的趋势前景，更是技术赋能公平教育的有效手段。近年受到疫情的特殊情境催化，直播教育的场景应用得以快速推广普及，义务教育、高等教育等领域也开始广泛应用直播技术。同时，各地政府也积极出台政策，鼓励"直播＋教育"的形态健康发展，如2021年4月，北京发布《关于推进"互联网＋基础教育"的工作方案》，其中提出在2022年前完成基础教育100％的名师开设线上直播室，探索线上线下融合的课堂形式。在用户群体中，直播平台也开始在更多课堂教学之外的教育场景中发挥作用，如虚拟自习室、虚拟读书会等高度场景化的应用方式越来越常见。

（四）"直播＋文化"

作为一种内容的传播方式，直播对于文化传播来说具有重要的支撑功能和平台价值。在当前的直播平台上，除了高度依托于互联网的原生网络文化形态，以传统文化为主体的文化内容，构成了直播的重要构成部分。尤其是传统文化中以视听表演为侧重的艺术门类，自然具备了转场直播平台的视听属性。在直播场域中，传统文化的表演空间逸出剧院、舞台、戏场，不论是名山大川、亭台楼阁、古迹遗址，还是在主播出差的路途中、国外大都市繁华的十字街头，随时随地可以好戏开场。有学者指出，直播平台上这种"直接"的表现方式，将传统文化原本整体、厚重、严肃的内容——分解，以点滴浸润，用既有整体格局又有灵动变化的方式呈现出来，使得主播和观众都能同时感受到有滋有味的文化魅力。[①]

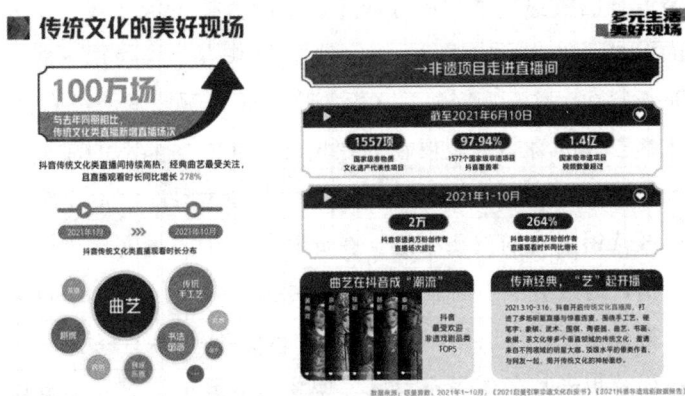

图 2-5 抖音直播传统文化相关数据

（图片来源：《多元生活·美好现场——抖音直播 2021 年度生态报告》）

根据抖音联合巨量算数发布的《多元生活·美好现场——抖音直播 2021 年度生态报告》，当年抖音传统文化类直播同比增长 100 万场，直播观看时长同比增长 278%，用户最喜欢的戏剧类别包括了黄梅戏、京剧、豫剧、越剧、秦腔。同时，传统文化类主播收入同比增长 101%。细分来看，茶道类同比增长 702%，书法、国画类同比增长 339%，曲艺类同比增长 232%。非遗类创作者收入同比增长 269%。缂丝、花灯戏、皮雕、刮刀画等非遗文化直播累计观看次数均在百万以上。[②] 在直播的全新场域中，"传统文化的文化形态已经发生了转变，经由平台传播，它的呈现方式千姿万状、各有千秋，被赋予了高度的现代社会的弹性与质感。"[③] 除了传统文化，还有科技、人文等领域的科普直播。通过与电影、文学、病毒学、天文学等各个领域的知名学者合

---

① 欧阳梦陶：《分散与重聚：直播场域中的中国传统文化传播》，《中国文艺评论》2022 年第 8 期。

② 中新经纬：《抖音 2021 年直播生态报告：非遗主播收入增长 269%》，2021 年 12 月 24 日，https://baijiahao.baidu.com/s? id=1720023913267877357&wfr=spider&for=pc，访问时间：2023 年 5 月 20 日。

③ 欧阳梦陶：《分散与重聚：直播场域中的中国传统文化传播》，《中国文艺评论》2022 年第 8 期。

作，抖音推出的直播公开课吸引了大量受众群体。上述报告数据显示，2021年，抖音平台科普类直播的观看人次增长率达到283%。[①]

（五）"直播＋旅游"

相比于文化类内容转场直播的主动选择，旅游业的数字化转型更多是在疫情特殊情境下的被迫之举。尽管如此，旅游直播也依然在"线上种草、线下打卡"的模式下迅速形成规模。从行业属性来看，旅游并不是一个单一的领域，而是与餐饮、住宿、交通、文娱等多个相关领域紧密相关的连锁链条，并且高度依赖于人的身心感观俱在的在场性。在时空隔离的前提下，直播构建的真实场景、虚拟在场和代入感观，能够在最大限度上形成旅游活动的替代方案，以及营销引流的重要渠道。在此背景下，大量文旅机构、专业导游纷纷上线开播，通过直播画面展示风景、展品、场馆、景区，讲解当地风物、人文故事，推介特产、周边等，"云观览""云赏花""云看展""云踏青"成为新的假日风尚。越来越多的名胜景区、博物馆等开始通过互动直播吸引游客关注，开辟新渠道、创造新形式，不断适应线上传播的新旅游经济。

图 2-6　故宫博物院首次直播公告

（图片来源：故宫博物院网站，"安静的故宫，春日的美好"直播活动公告，2020年4月3日）

[①] 中新经纬：《抖音2021年直播生态报告：非遗主播收入增长269%》，2021年12月24日，https://baijiahao.baidu.com/s？id=1720023913267877357&wfr=spider&for=pc，访问时间：2023年5月20日。

例如，敦煌研究院推出"云游敦煌"、故宫打造"全景故宫""V 故宫"、云南省借助"游云南"App 将 900 多个景区"移"至线上等，在打造平台的基础上组织线下与线上结合的文娱节庆、主题活动等直播场景，引发关注、互动和讨论。2020 年清明假期，闭馆 72 天的故宫博物院联合新华社、人民日报社、抖音等媒体平台，合作推出题为"安静的故宫，春日的美好"网络直播。三场直播活动，全网总浏览量超过 4.3 亿，总播放量约 1.9 亿，话题讨论总量约 2.4 亿。[①] 抖音的直播报告数据也显示，旅游类直播内容的直播场次、观看时长、观看次数等数据，都在快速增长中。[②]

除了上述新闻、电商、教育、文化、旅游等领域，网络直播的应用场景还在实践中持续扩展，如"直播＋招聘""直播＋健康"等。有学者比拟称，"直播＋"是一种化学公式，是关于如何将网络直播形式与各领域、各行业和各方面更好地结合，以激发该领域、该行业和该方面更好发展的一种化学公式。[③]

四、网络直播的社会效应

从 2016 年千播大战到 2020 年抗击疫情、促进复工复产，网络直播被认为是为数不多的，在疫情的特殊环境下依然能够给予宏观经济正向刺激，同时自身也获得正向刺激的领域。对于网络直播行业整体而言，直播的核心资源正在由主播逐渐纵向延伸至生态。"直播曾经只是一种娱乐形式，如今正在逐渐转变为当今社会的基础媒介。"[④] 在媒介向着社会化发展的同时，我们所处的社会也高度媒介化。媒介与社会的互动互构过程中，不仅直播受到社会大环境的规约日益走向主流化、规范化，社会也同样受到直播的深层逻辑影响而不断改变、重塑，网络直播带来的影响已经渗透嵌入了社会生活的方方面面。

（一）网络直播重塑数字经济

网络直播作为一种重要的商业营销模式，首先带来的影响就是加速重塑数字经济的图景。从网络直播的产业链构成来说，品牌商家对接电商平台提

① 王洋：《"直播＋旅游"碰出新火花》，《中国报业》2020 年第 21 期。

② 据来自《多元生活·美好现场——抖音直播 2021 年度生态报告》，巨量算数网站，2021 年 12 月 24 日，https：// baijiahao. baidu. com/s？ id＝1720023913267877357&wfr＝spider&for＝pc，访问时间：2023 年 5 月 20 日。

③ 王益凡：《"直播＋"模式探索及研究意义》，《信息日报》2022 年 6 月 10 日第 11 版。

④ 人民网舆情数据中心：《互联网平台"直播＋"赋能研究报告》，2020 年 8 月 24 日，http：// download. people. com. cn/yuqing/eleven15979928631. pdf，访问时间：2023 年 5 月 20 日。

供商品，对接主播确定直播内容方案，然后引入直播平台进行直播内容输出，最终引导消费者在电商平台实现营销转化，因而有专门的主播及其机构形成数字营销市场上的关键一环。以主播为核心环节，一方面在品牌商家一端形成供应、品控等全环节的操作机制；另一方面与用户之间建立口碑、信誉为基础的情感联结。网络直播不仅有以李佳琦等为代表的平台营销主播，罗永浩、刘涛等依托名人效应的跨界带货主播，也有东方甄选董宇辉这样的自营电商主播，还有很多品牌商家选择自主开设直播。同是网络直播产品营销，但是具体的运营模式又各有不同，不断变化的传播形式实则是互联网营销模式日趋成熟的表现。网络直播的发展变化，持续推动着数字经济、平台经济在模式重塑中不断发展衍进。

（二）网络直播重构大众文化

曾有学者指出，"网络"是文化史中"一个发烫的词条"[①]。而面对网络直播，更有学者称之为"直播技术与大众文化的结合"[②]。网络及网络直播，与大众文化之间有着不可分割的联系。大众文化的概念，与高雅文化、精英文化相对，是在媒介广泛普及的大众传播前提背景下，直接面向普罗大众，强调大众在其中的主动性、能动性和参与性。网络直播因其突出的公共性、自主性和平台性，吸引了众多普通人的自主参与，因而从本质上就具备大众文化的特质，既作为大众文化的传播平台，同时也构成新的网络直播大众文化。

网络直播视域下的大众文化，呈现出一些新的特点，首先就是大众文化不再"大众"，而是围绕不同的议题领域形成高度圈层化的群落；其次是大众文化不再具有明确的发声主体，在去中心化的基础上构成了多元、复杂的文化声调；最后是大众文化在整体上呈现出直播化的趋势，越来越多的直播内容形态进入现有大众文化领域，原有的大众文化内容形态也积极延伸进入直播领域。

近年，网络直播平台纷纷开始推出自制直播节目，例如抖音推出的互动纪实《很高兴认识你》，通过与受众的实时互动来推动情节进展，相比传统综艺节目大大提升了受众的参与感和沉浸感。很多卫视频道和头部平台的知名综艺节目，也纷纷开始参与直播，部分录制环节通过微博、抖音等平台开启直播。据统计，仅 2020 年就有 20 档左右直播类综艺出现，包括爱腾优的网综以及

---

① 南帆：《双重视域：当代电子文化分析》，江苏人民出版社，2001，第 144 页。

② 孙翔飞：《媒介热点透析与前瞻 2020》，人民日报出版社，2019，第 161 页。

电视媒体的头部综艺中都有直播。在 2021 年的内容企划中,湖南卫视还打出了"直播互动综艺"的概念,提出让观众"从看综艺进化到玩综艺"的新理念。

(三) 网络直播促动主流宣传

在互联网飞速发展的背景下,"网络应何为"是整个行业和社会都要面对的重要问题。对此,中央网信办提出了"发展积极向上的网络文化,传播正能量,凝聚强大精神力量,营造良好网络氛围"的目标方向。[①] 包括网络直播在内的网络传播平台,都主动承担起主流发声的重要任务。当前,网络直播已经成为促动主流宣传的重要阵地,以主流媒体为主导,各种网络视听机构跟进,通过直播形态,采用多元形式推进主流宣传内容,承担着价值导向、审美引领的重要使命。在包括扶贫、助残、环保、支教、公益等在内的众多相关领域,网络直播都在起着越来重要的宣传引导作用。

例如,2020 年是全面建成小康社会目标实现之年,也是全面打赢脱贫攻坚战收官之年。在对扶贫攻坚的主流宣传中,就广泛应用了网络直播。其中,由中央文明办、文化和旅游部连同中央广播电视总台共同推出的《火车火车哪里开》系列直播,引发了广泛的关注和讨论。通过"央视频号·文化志愿者专列"的实景视角,直播推介贫困地区的文化旅游资源。直播采用"文化内容+大咖直播"的叙事方式,邀请明星艺人、非遗手艺人、文化学者、文旅专家等参与互动,通过现场体验、地方连线等方式,深度挖掘实地场景的叙事张力,在领略山水田园自然美景的同时传播当地传统文化魅力。从多个场景的叙事维度、叙事视角,深入挖掘 7 个省份 52 个当时"尚未摘帽"的国家级贫困县 1113 个贫困村的文旅资源和独特魅力,全面讲好脱贫攻坚的中国故事,搭乘惠民专列"云游美丽乡村,助力扶贫攻坚"。[②]

除了主流媒体,其他网络视听机构也在积极发力,参与到网络直播的主流宣传当中。以游戏直播起家的斗鱼,专门开设了"正能量"频道,通过"红色引擎"(党建)、"政达光明"(政务)、"美丽乡村"(新农村建设)、"反诈防诈""遗产中国""国家安全""中国光谷"等在线直播栏目设置,将思想建设、社会教育、素质倡导、人文关怀等正向内容融汇一堂,很好地实现了直播平台的主流宣传功能。[③]

---

① 中国网信网:《国家网络空间安全战略》全文,2016 年 12 月 27 日,http://www.cac.gov.cn/2016-12/27/c_1120195926.htm,访问时间:2023 年 5 月 21 日。

② 新华网:《〈火车火车哪里开〉开往脱贫致富的专列》,2020 年 9 月 25 日,https://baijiahao.baidu.com/s? id=1678787649818294589&wfr=spider&for=pc,访问时间:2023 年 5 月 22 日。

③ 参照斗鱼·正能量视频,https://www.douyu.com/g_znl,访问时间:2023 年 5 月 22 日。

图 2-7　央视频微博"火车火车哪里开"系列直播敦煌专题

(图片来源：央视频微博账号)

（四）网络直播助力突发应对

德国社会学家贝克称人类已经进入了"风险社会"[1]，英国社会学者吉登斯指出我们所处的是一个"失控的世界"[2]。换句话说，人类社会的发展已经来到了一个突发事件多发、频发的阶段。根据《中华人民共和国突发事件应对法》的界定，突发事件是指"突然发生、造成或可能造成严重社会危害，需要采取应急处置措施予以应对的自然灾害、事故灾害、公共卫生事件和社会安全事件"[3]。突发事件的应急处置是一个复杂的系统工程，由政府作为公共管理者组织协调开展，同时更需要社会各界的共同参与、协同应对。在此过程中，信息的传播沟通起到重要的中介作用。网络直播实时高效、互动性强、影响力广的特点，大大增强了人们应对处置突发事件的机动能力。

第一，网络直播可以大大提升突发事件中的信息传播效率。通过网络直播平台的数据应用，主流声音和权威信息可以实现快速整合与高效分发，同时还可以快速聚集一线资讯，形成突发事件的情势地图，为救援、应急、资

---

[1]　乌尔里希·贝克：《风险社会》，何博闻译，译林出版社，2004。

[2]　安东尼·吉登斯：《失控的世界》，周红云译，江西人民出版社，2001。

[3]　中国人大网：《中华人民共和国突发事件应对法》，2007 年 8 月 30 日，http：// www. npc. gov. cn/npc/c198/200708/91cd75de0e74484bb912f9b6c96af839. shtml，访问时间：2023 年 5 月 22 日。

源调配等工作的展开提供依据，助力突发事件应对部门及时做出决策。

第二，网络直播能够有效纾解突发事件中的公众情绪表达。在实时、现场的基础上，更加突出了互动的属性，"在场"和"参与"成为公众在突发事件情境下进入直播间的心理动力因素。在突发事件的背景下，公众往往容易产生较强的心理反应，一方面是受突发事件直接影响的人群，可能会出现应激情绪，需要适当的疏导发泄；另一方面是突发事件的应对过程中，需要对内部及外围人员在情绪上的动员和协调。

第三，网络直播可以高度还原突发事件中的社会自我呈现。通过网络直播的镜头，身处突发事件情境当中的公众可以展示自己鲜活的生活状态，可以呈现自己周边的生动社会氛围。

2021 年 8 月，河南新乡遭遇洪水。根据《河南日报》之后发布的报道消息，新乡最强降水时段出现在 20 日 5 时到 22 日 5 时，降水量达 812.0 毫米，突破历史极值，超过 47 万人受灾。就在卫河面临决堤风险的危急时刻，为了阻止大水漫城，新乡政府发出紧急动员令，号召志愿者发起一场"筑坝大营救"。由《南方都市报》记者通过微信视频号开启的"紧急筑坝保卫市区！河南新乡全城征志愿者"网络直播，将现场情况实时传播给直播间里的全国受众。在直播间的评论区里，除了对救灾人员的鼓励赞赏、为受灾群众的加油鼓劲等情感传达，更重要的是很多实时的求助信息和应急资讯的汇聚集散。有市民将现场物资缺乏、人手不足等信息发布到直播间平台，直播编辑再将信息"上墙"滚动，很快就得到其他市民的积极响应。在直播持续推进的 8 个多小时里，超过 248 万微信用户观看，最高在线人数 1.8 万，分享次数 11 万＋，评论 3.5 万＋。[1] 起初直播是新闻媒体经由网络让全国用户可以看到救灾现场的窗口，最后逐渐演变成为信息的集汇地、情绪的发散器，连接了线上与线下、现场到全国的救援力量和热切关怀。

暨南大学新闻传播学教授刘涛在描绘《时代长镜头》的随笔中发出慨叹，"直播不是生活的全部"[2]。之所以发出这一叹息，恰恰是因为直播已经日益成为我们生活一部分的现实。在内容形态日渐丰富、应用场景不断扩展的同时，网络直播正在"不断地突破旧有用户圈层、重新划定社会版图、改

---

① 中国日报中文网：《紧急筑坝！这一场 248 万微信用户看过的直播背后》，2021 年 8 月 26 日，https://caijing.chinadaily.com.cn/a/202108/26/WS61275198a3101e7ce9760805.html，访问时间：2023 年 5 月 22 日。

② 刘涛：《时代长镜头 新青年》，经济日报出版社，2020，第 194 页。

变日常生活方式、重新塑造现实空间"①，越来越深刻地嵌入我们的社会生活。直播已经高度"日常化"，而日常也在走向深度"直播化"。

第三节 新的传播趋势

狄更斯说："这是最好的时代，也是最坏的时代。"用这句文学经典来形容当今的传播趋势非常恰当。之所以说是最坏的时代，是因为我们面对的是一个极端多元、极端复杂的传播环境，近乎无限的价值取向让人们无所适从。而之所以说这也是最好的时代，则是因为当今传播迎来了互联网的时代。通过互联网渠道传播的内容、观点，会在受众当中迅速形成"涟漪效应"，在加快传播速度的同时，也加深了传播效果。无数事实已经证明，网络媒体往往能够比传统媒体产生更为深刻的传播效果。对于网络传播的特质，业界学界给出了不同的解释。在将众多概念阐释予以综合简化之后，可以概括出两个核心特征：一是即时连接，二是去中心化。二者结合，则为包括网络直播在内的内容传播形态带来了勃兴发展的前提。

技术进步不会停止，理念创新不会歇缓。如何在传播全球化持续深入的时代实现更长远的发展？如何在全球视觉传播的激烈市场竞争中突出重围？如何在日益多元化的受众需求前提下实现传播效能预期？都是需要思考的问题。我们认为，未来中国网络视听行业发展的关键，在于对新的传播趋势宏观把握的基础上，落实融合传播产业升级的前瞻部署。当前，我们所面临的传播趋势，正在以下几个层面上不断变化衍新。

一、高维化

几年前，喻国明提出了高维媒介的概念，引发学界广为探讨。其主要观点为，互联网是一种高维媒介，"比传统媒介都多出一个维度，生长出一个新的社会空间、运作空间、价值空间"。② 互联网激活了社会基本元素——个人，个人取代机构成为最活跃的传播主体。所谓"高维"，是相对于传统媒介的"低维"而言。从文字到声音，再到"声音＋画面"的视频，传统媒介

---

① 人民网舆情数据中心：《互联网平台"直播＋"赋能研究报告》，2020 年 8 月 24 日，http：//download. people. com. cn/yuqing/eleven15979928631. pdf，访问时间：2023 年 5 月 20 日。

② 喻国明：《互联网是一种"高维"媒介——兼论"平台型媒体"是未来媒介发展的主流模式》，《新闻与写作》2015 年第 2 期。

的发展只是媒介形式的转变，没有跳出"点对面、面对面"的线性传播模式，因而从维度的角度来说是单一的。而在作为高维媒介的互联网中，不仅"点对点"的社交性人际传播成为主流，"人人、时时、处处传播"也成为常见的现象，传播的时空结构都发生了变化。在这种趋势下，甚至连传统媒体也在追求精选内容向更细分受众的精确传播，如若不然将陷于被淘汰的境地。在这种传播模式中，复杂的传播链条织成繁杂的传播网，呈现出"多主体、多渠道、多内容、多受众"的高维形态。高维媒介的诞生，是一次由技术驱动的媒介生态革命。这一大变革的影响以极快的速度扩展至全球，凡是互联网技术所到之处，没有任何人可以摆脱它的影响。而网络视频是互联网技术的聚焦点，大量新技术、新理念被应用在这一领域，因此也成为高维媒介的天然"试验田"。

互联网所谓"高维"，本质上是因为互联网技术的开放性、共享性。任何个体、机构都可以使用互联网资源，任何社会领域都可以纳入互联网连接。互联网不再是"第四媒介"，而是在传统媒介的顶端开辟了新的媒介领域，成为新的"第一媒介"。在互联网发展初期，传统媒体主要通过开办网页、开发应用程序等方式与互联网结合，网络只是传统媒介的工具性附属。然而今时今日，没有任何一种媒介形态、任何一家媒体可以不依靠互联网而独立生存。打一个比喻：对于媒体来说，早期互联网就像某种营养素，不吃它还有其他替代品；而现在的互联网已经成为媒体的水和空气，弃之则亡。因此，互联网的媒介地位被空前提高，从"＋互联网"发展成"互联网＋"。喻国明指出："'高维'媒介不可能用传统媒介的运作和管理方式去管理和运作，因为用'低维'的方式去管'高维'是没有用的。"[①]

因而，传播的未来趋势一定是不断扩展维度，打造真正的高维媒体。根据高等物理学理论，人类能够感知到的维度最高为四维空间，宇宙中确实存在的维度达到十一维。互联网实际上是一种无限空间，因而其维度也是无限的。互联网媒体谋求长远发展，有赖于营造或者发现更多的新维度，使自己成为名副其实的"高维"媒体。传统媒体的内容生产与传播，是与传统工业化时代相联系的。其基本模式是媒体制作和发布内容，从而吸引受众群体关注。至此，媒体的工作就完成了，不会与受众发生过多联系。互联网媒体不再只关注内容生产，而是把更多重心放在了内容发布后的一系列工作，包括

---

① 喻国明：《互联网是一种"高维"媒介——兼论"平台型媒体"是未来媒介发展的主流模式》，《新闻与写作》2015 年 第 2 期。

收集和反馈受众意见、与受众互动、营造受众之间互动的环境等。因而也有学者将传统媒体比作制造业,将互联网媒体比作服务业,[①] 恰到好处地呈现出了二者的区别,也道出了互联网媒体对于多维度的强烈需求。高维就是消除壁垒,做到真正的开放和连接,营造新维度的关键是让更多元素参与进来,再由它们之间的互动形成媒体发展的动力。在互联网时代,人类个体享有的话语权几乎达到了顶峰,因而每个人都可以成为新维度的原点。当人类个体作为维度原点进入媒介生态时,媒介在社会中渗透的程度也将达到极致。

二、平台化

作为高维媒介的互联网带来了媒介生态的革命,同时也呼吁着与之相匹配的媒体形态。如果说"高维媒体"的说法更偏重于描述未来媒体发展的内涵,那么"平台型媒体"的概念则恰如其分地体现了互联网时代媒体的外在形态。最早对平台型媒体的准确定义来自一位叫 Digiday 的撰稿人。他在 2014 年 8 月提出:"平台型媒体是指既拥有媒体的专业编辑权威性,又拥有面向用户平台所特有开放性的数字内容实体。"[②] 我们认为,平台型媒体本身不是内容生产者和传播者,而是搭建一个开放性平台,无论个人还是机构,都可以在平台上自由选择所需要的资源,从事内容的生产和传播活动,并通过相互之间的多重互动实现比单凭媒体自身传播大得多的传播效果。简言之,平台型媒体就是将内容生产和传播的权力下放,从生产者转型为服务者。因此,平台型媒体的传受关系不再是"传播者—接收者",而是"服务者—参与者"。传统意义上的传播行为被打碎,渗透到众多参与者之间的互动过程中。

平台型媒体的核心特征有二:一是开放,二是连接。前者是互联网媒介的开放性在媒体形态上的投射,后者则体现了参与者互动的重要性。在个人的传播价值空前高涨的时代,个人成为平台型媒体中最有价值的参与者。在喻国明看来,今天的人们不但需要信息,也需要表达和交流;不但要了解和解释这个世界,也要参与和分享这个世界;不但要把传播作为一种自身修炼

---

① 王立君等:《低维媒介向高维媒介的转化之路》,《新媒体研究》2016 年第 2 期。
② 喻国明、焦建、张鑫:《"平台型媒体"的缘起、理论与操作关键》,《中国人民大学学报》2015 年第 6 期。

的"教科书"，更要把传播当成自身融入这个世界的一种方式。[①] 在平台型媒体中，每个人主观上都为自己奋斗，客观上又造福于整个社会。实际上这种思想不只是互联网媒介生态中个人的工作理念，更是人与社会理性互动的价值观念。因此，致力于激活个人价值，依靠个人传播的媒体更适应互联网时代的发展要求。

为什么要重视平台化的发展趋势？除了互联网逻辑的必然选择，还因为平台化的发展更加适应当前的传播需求。搭建平台，首先要求有优质的内容以吸引大量受众的关注，进而才能在受众群体中深耕细耘、有所作为。传播最终实现的是价值认同，而人际互动更能实现价值传播效果的最大化。此外，平台化媒介发展，也是国家经济模式转型的必然要求。近年来，分享经济在我国异军突起，为投资者所热衷，也创造了良好的经济和社会效益。平台化媒介受众的最主要传播行为就是包括分享、转发、评论等在内的信息分享，通过零散传播的聚集效应强化传播效果，创造价值空间。

三、融合化

融合指的是计算机技术、信息技术、传播网络、基于互联网的媒体内容，以及数字媒体技术之间的相互连接，其结果是融合后的产品、服务和行为。媒体融合令传统媒体行业、媒体服务和实践发生转变，带来新的媒体样式。[②] 媒体融合的前提是技术的融合，而又绝不仅仅停留在技术、内容或部门层面的融合。媒体融合是一个全新的生态系统再造的过程，除了内容、渠道、平台、经营、管理需要一体化后的新格局，更需要在互联网思维下重新建构一个融合媒体产业的生态系统。融合的媒体生态一定是"以用户数据为核心、多元产品为基础、多个终端为平台、深度服务为延伸的全新的开放、共享、智能化的系统"。[③]

面对融合时代的传播发展，我们第一要不断改进传播的策略方式方法，实现本土化传播、精准化传播、全球化传播、故事化传播，注重提高新闻报道的质量，增强传播内容的趣味性和人情味等；第二要加强对新技术、新平

---

① 喻国明：《互联网是一种"高维"媒介——兼论"平台型媒体"是未来媒介发展的主流模式》，《新闻与写作》2015 年第 2 期。

② 特里·弗卢：《新媒体 4.0》，叶明睿译，人民日报出版社，2019，第 27 页。

③ 胡正荣：《序言二 媒体融合走向哪里？共媒时代与智媒时代》，引自腾讯传媒研究院：《众媒时代：文字、图像与声音的新世界秩序》，中信出版社，2016，第 V 页。

台的创新使用与充分利用，根据不同平台的不同特点策划新闻报道；第三要加强与国内国际媒体的合作互动；第四要主动设置议题，抢占舆论先机，引导国际舆论；第五要加强与国际受众的深层次互动交流，以用户为中心。尤其是在社交媒体时代，粉丝的数量以及收藏、评论、点赞和转发量是衡量融合传播的一个重要指标，直接关系着国际传播的传播效能。[①]

以媒体融合为驱动，中国的传播能力建设还需要在平台建设和统筹上多下功夫。第一，在技术和操作层面关注传统媒体延伸平台和互联网平台上信息流动和言论交往的移动化、社交化、视频化等特征。第二，树立外部意识或用户需求优先意识，主动跟踪、监测、分析和对接不同平台的用户行为分散化、文化表达多样化，以及群集或社交的地方化等特征。这就需要媒体和传播机构深化对于舆论复杂性——而不仅仅是媒体舆情的研究，走好国际国内传播的"群众路线"。第三，也是最重要的，在战略层面对未来的传播平台建设有所规划，对与国际平台系统在国际传播领域的协调合作机制进行充分协商和对话，并从操作性层面夯实平台化思维在传播能力建设中的指导作用。

媒体融合的一大好处是可以交叉推广，实现双赢。交叉推广的形式是使用文字或图像元素来推广或介绍在其他平台上发布的媒体内容。一份关于印尼 Indosiar 国家电视台媒体融合的研究显示，社交媒体被认为能够帮助电视吸引新的观众群体，并成为电视内容的宣传媒体。"到目前为止，我们害怕相比主流媒体而在社交媒体上率先发布信息。但事实证明，我们可以培养它（推广信息），它将能够吸引人们，不是吸引电视观众，而是吸引社交媒体用户观看电视。"[②]

国际传媒业界已经在国际传播实践中践行了媒体融合策略，为中国媒体融合聚力、多维提升国际传播能力提供了有益的探索和经验积累。首先是在游戏、电商和艺术等领域，不少国际一流的企业都在运用融合技术与融合策略，推进融合传播创新实践。例如，任天堂开发的爆款游戏"口袋妖怪"，用增强现实（AR）技术融合不同场景，打造沉浸式体验；美妆巨头欧莱雅打通线上线下销售渠道，实现融合新零售；国际知名艺术团队 Teamlab 从

---

① 郑保卫、王青：《当前我国国际传播的现状、问题及对策》，《传媒观察》2021 年第 8 期。

② Yoedtadi M G, Ronda A M, Wahid U.：*Television and Social Media Convergence（Convergence Continuum and Journalistic Convergence Analysis at Indosiar）*. Asian Research Journal of Arts & Social Sciences, 2021, 14（3）：56—72.

内容层面融合交互体验和情节展现，呈现新型交互展览效果。[1] 有学者在研究了多家国际一流媒体的媒体融合发展趋势的基础上提出，媒体融合促推媒体的用户运营观念发生根本性的变化。首先，从"用户"进化为"粉丝"，交互性大大提升，传受关系发生转变；其次，出现了"信息源－信息流－信息场"的深度融合，内容生产呈现为开放、扩散、裂变的过程，加之粉丝所属圈层、情绪、态度等因素的渗入，形成个性化、场景化的内容分发；最后，由媒体提供内容转变为多元主体参与，直接面向用户推出融合媒体产品和服务。在媒体融合的竞争过程中，业务层面的 OTT（over the top）成为各方的焦点。OTT 强调从网络传输的角度，各类角色都越过实体物理网络的运营局限，开展融合化的内容服务，如 Amazon Fire TV、Apple TV、Roku 等。站在用户运营、商业模式的角度去观察，当前海外媒体运营的一大重要趋势便是 DTC（direct to consumer），即"直接面向用户"。[2] 换句话说，在内容层面、业务层面、终端层面的融合已经实现了基本融合，接下来就是要在媒体平台与用户之间建立更多、更直接的连接，推动媒体与用户的进一步融合，将媒体的生命力建立在与用户的情境互动之上，形成更稳固的"媒体产品和用户消费一体化"的关系。

四、游戏化

游戏化（gamification）是传播学领域一个较新的理论视域。威廉·斯蒂芬森在《传播的游戏论》一书中提出，传播本身是一种目的，媒介能够给人们带来快乐，人们可以主动选择沉浸在作为游戏的传播中，从而获得快乐。通过技术的组合可以使得传播的过程和形式发生巨大的变化，进而使得传播的游戏属性进一步加强。在虚拟技术的推动下，用户的资讯消费体验势必会越来越沉浸、多元，让用户能够在现实世界与虚拟世界中自由游走的同时，也必然会消解传统新闻传播中的严肃性和严谨性。在此过程中，传播的游戏化和新闻的游戏化，都是不可避免的趋势，因而也是传播者必须要关注的重要技术领域。而新闻游戏是一种将游戏作为形式和载体，通过交互操作和情景再现来展示新闻核心内容，兼具娱乐性和传播力的新闻传播形态。在

---

① 曾祥敏、潘九鸣、王俐然：《理念、要素、规律：国际主流媒体融合创新研究》，《新闻与写作》2020 年第 4 期。

② 龙思薇、周艳：《海外媒体用户运营观念及策略分析——以 Disney、BBC、Viacom CBS 为例》，《传媒》2020 年第 22 期。

新媒介环境的技术赋能和传播主体多元化的形势下，以受众思维生产新闻的新闻游戏为传播提供了新的突破和发展的方向。而在国际传播中，新闻游戏以身体在场的方式连接虚拟与现实，也有助于打破国际传播的时空局限和文化壁垒。①

新闻游戏的首要特点，就是能够有效激活传受交互，让受众的参与成为新闻进程的一部分。2015 年，英国《卫报》针对奥斯卡奖的各项环节制作了一款答题游戏，在世界范围内吸引了众多包括电影业界和广大观众在内的参与者。他们凭借自己对喜爱电影和演员的熟悉程度来答题闯关获得分数，同时可以分享到社交媒介。一款并不十分复杂的游戏，就这样短时间内引发了大规模的参与和讨论。另外，游戏化的新闻可以有效增强用户的体验感，令受众更容易对新闻内容感同身受。新闻游戏是通过游戏载体模拟新闻现场，让新闻受众参与角色扮演，通过游戏场景中的身份代入，获得情感共鸣。其实早在网络、虚拟等新的媒体技术尚未出现的纸质媒介传播时期，就有以第一人称采写、突出细节描绘、再现报道场景的体验式报道。而游戏的出现，让这种体验不仅局限于人们脑海中的想象，虚拟再造的场景和情节让新闻事件得以具象化地模拟再现。原本作为信息接收端的新闻受众，一旦开始进入游戏场景参与角色扮演，就会从简单的读者身份即时转变为新闻报道中的主体角色，亲身体验新闻中主人公的喜怒哀乐。英国广播公司曾推出一款新闻游戏，名为《叙利亚之旅：选择你自己的逃亡路线》（*Syrian Journey：Choose your own escape route*），以真实的难民逃亡经历为蓝本，再现了叙利亚难民所面临的困境。玩家登录游戏后默认成为一名因为战争而流离失所的难民，根据提示选择需要携带的行李以及规划自己的逃难路线，一步步完成难民的逃亡过程。游戏进程中还辅以相关文字语音提示，帮助玩家了解事件全貌。当玩家通过沉浸式的游戏，从难民的视角亲身感知他们在逃难过程中面临的种种危机，真正实现了"设身处地"去看待原本遥远的战事与苦难，其他与难民相关的新闻报道进而也能够更加吸引他们的注意力与代入感，从而汲取新闻报道中的更多有效信息。②

---

① 沈峥嵘、王瑜婷：《新闻游戏，沉浸式交互中构建国际传播新路径》，《传媒观察》2020 年第 11 期。

② 高丽佳、左丽娟：《变革新闻报道语境 创新"游戏化"视角》，《新闻爱好者》2022 年第 2 期。

五、营销化

现代传播业既重视内容，也重视营销。正所谓"酒香也怕巷子深"，合理的营销策略对于提升传播效能至关重要。当前，最常见也最有效的媒体营销策略是借助社交媒体营销，通过受众自传播扩大媒体的品牌影响力。

从营销角度来看，人们可以利用大众媒体平台、专业传播平台、自我传播平台、人际关系网络等多种传播手段，将自己的内容产品介绍到潜在客户以及潜在客户的受众所处的社会环境当中。当今的大众媒体中，尤其需要注意社交网站、商业视频网站的巨大作用。西方主流传播机构已经广泛利用优兔等视频网站平台扩大自身影响、建立自身形象。美联社、今日俄罗斯、半岛电视台、英国广播公司、有线电视新闻网以及其他绝大多数美国新闻媒体都已经在优兔上开设了自己的专门频道。世界最大的新闻通讯社美联社自2006年9月注册账号开始发布内容，截至2023年6月，订阅人数超过217万，视频观看次数累计超过27.74亿次；[1] 业界公认非西方世界最具影响力的媒体，半岛电视台英语频道（Al Jazeera English）也于2006年11月在优兔上线官方账号，到2023年6月时订阅人数已经超过1050万，视频观看次数累计超过31.2亿次。[2] 传播能力的建设，可以充分利用包括优兔等在海外客户及其受众中具有广泛影响力的平台开设自主频道，能够在短期内大幅提升在海外的品牌知晓度和影响力，提高产品对海外受众的直接影响力。这些网站在版权保护方面非常成熟，有助于提高视频产品的利用和销售状况，其所提供的播放统计数据也有助于人们进一步分析海外受众偏好，提升传播的精准性。[3]

在全媒体融合传播时代，社交媒体凭借其交互性、及时性的优势，进一步促进了传受主客体之间的互动和反馈，从而满足了受众感官深层体验的需求。以互动和反馈为核心的社交化传播成为传播平台的鲜明特征，因而也成为国际传播媒体营销的关键环节。英国广播公司、《纽约时报》等西方传统

---

[1] 美联社英语频道优兔官方账号：https:// www. youtube. com/@ AssociatedPress/about，访问时间：2023 年 6 月 30 日。

[2] 半岛电视台英语频道优兔官方账号：https:// www. youtube. com/@ aljazeeraenglish/about，访问时间：2023 年 6 月 30 日。

[3] 喻国明、潘佳宝：《标准化与规模化：中国国际传播的内容生产与市场营销策略》，《传媒观察》2022 年第 2 期。

主流媒体均是在打造自身移动媒体平台的基础上，进驻既有社交媒体开设账号并着力推出符合平台特点的传播内容，一方面融合多维传播渠道，另一方面充分发挥社交媒体平台的社交属性增强用户黏性和参与体验，打造强大的信息传播矩阵。例如，英国广播公司近年对内容分发和传播方式都做出了战略性的调整。首先，英国广播公司对内容分发的目标明确界定为"便捷地获取对自己重要的内容和服务"，进而设置了多元一体的内容分发机制，包括：线性广播电视服务尽可能多的家庭单位，点播服务为按需所求的多终端使用提供便利，社交媒体为用户定制内容提供便捷获取渠道，自主平台 BBC iPlayer 集成提供内容和服务。内容分发以目标导向为基础，过程控制遵循以下几项原则：一是必要的编辑控制权，以保障不论什么平台都能确保内容的质量；二是充分利用用户数据，以实现更为有效的个性化内容推荐和内容定制以及传播效果的监测和改进；三是自身内容突出展示，以确保传播内容在第三方平台上也能够以最优、最便捷、最高效的方式抵达目标用户；四是凸显英国广播公司品牌，以确保内容和服务有明确的品牌标识；五是尽可能降低分发成本，同时实现内容投入的最大化。[1]

目前，经过国际传播能力建设工程的系统性提升，包括总台、新华社、人民日报社在内的我国主流对外媒体新闻账号在脸书平台已经具有了突出的用户号召力和影响力，在社交媒体空间的英语新闻领域的影响力也已获得明显提升。在细分新闻内容、语种、区域，通过多账号运营的方式进行更加精细化的新闻信息传播和用户兴趣社区运营等方面，也有了一定的建树。在此基础上，可以进一步加强不同主流媒体机构开设的同类新闻账户之间的相互关联和集合发力，综合发挥不同媒体在不同地区和类型新闻报道中的优势，实现中国媒体组团共同提升整体传播力。与此同时，国际社交媒体空间中日益增长的优质中文信息需求，也值得中国主流媒体的密切关注和高度重视。中文新闻是中国主流媒体最为擅长也最具优势的传播领域，在着力提升英语、阿拉伯语等多语种国际传播能力的同时，也应充分发挥中文新闻内容的生产优势，有效满足中文新闻资讯需求，把握社交媒体空间里中文新闻传播的话语权和主导权。[2]

---

① 张晓菲：《着眼年轻受众需求 重塑国际媒体形象——英国广播公司内容生产与传播创新策略研究》，《中国广播》2019 年第 3 期。

② 王润珏：《社交媒体空间的国际传播竞争格局与发展态势》，《对外传播》2020 年第 9 期。

六、符号化

在稳扎叙事内核的基础上，提升传播能力还要注重提升通过多元符号建构触达不同文化间的传播融通能力。从本质上说，传播是跨语言、跨文化的，符号在国际传播中承担着重要作用。然而，作为文化的首要符号系统，语言具有较强的差异性和差距性，在国际传播过程中难免会出现"二次编码"和"多次解码"的传播变形。因此，从传播符号的多元化、体系化入手，搭建跨越文化边界的国际传播话语路径，具有重要的战略意义和实践空间。

符号学是传播研究以及国际传播研究领域的重要理论来源。现代符号学，奠基于欧洲语言学家索绪尔和美国哲学家皮尔士，前者提出了"社会生活中符号生命的科学"，后者确立了"符号学的一般理论设想"。在与传播学关联之后，延伸出传播符号学，聚焦到意义如何生产与传达的问题上。而在国际传播领域，传播符号学更进一步探讨跨越不同文化边界的生产、传播与消费过程中符号的意义与作用。其中，符号互动论更进一步认为，符号是社会生活的基础，人与人之间的交流是一个符号相互作用的过程，"没有语言就没有沟通，就没有思维、思想和自我"。通过符号互动的视角来关照传播，"符号互动的过程如同波浪一般，水分子（意义本身）没有直接转移，但波浪（意义的生成模式）却扩散开去"。[①]

在符号学和传播符号学的基础上，很多学者进一步界定了国际传播领域中"符号"的重要功能意义。喻国明指出，在跨文化传播中普遍存在"文化折扣"（Cultural Discount），这一问题主要源于文本编制时的编码损耗、渠道传播时的传输损耗以及用户解码时的"认知—加工"损耗。[②] 为了应对国际传播过程中的折扣损耗，隋岩提出要积极掌握"强符号"，即"表征当代价值观、有持久的传播力、能指形式独特、社会利用率高、所指意义唯一"的文化传播符号，因此要在国际传播中善于提炼运用强符号。[③] 而在国际传播的实践中，关键环节即在于如何充分开发中国的丰富文化资源，找到并用

---

① 师曾志、胡泳等：《新媒介赋权及意义互联网的兴起》，社会科学文献出版社，2014，第142页。

② 喻国明：《跨文化交流中的三个关键性传播节点——关于减少和消除"文化折扣"的传播学视角》，《新闻与写作》2020年第3期。

③ 隋岩：《强符号的国际传播途径研究》，《当代传播》2012年第5期。

好具有跨文化通约性，能够产生融通中外的阐释价值的传播符号。王一川则进一步指出，所谓"中国文化符号"，就是能代表中国文化的突出而具备高度影响力的象征形式系统。文化软实力正是通过文化符号表现出来的。通过中国文化符号来把握、感知中国形象，进而为中国文化软实力提供可参照的样本，是考察中国文化软实力状况、国际传播实践情况的一条可行途径。①

根据首都文化创新与文化传播工程研究院发布的《外国人对中国文化认知调查报告》，基于对 10 个国家的青年群体对中国文化认知的现状、意愿和渠道的调研数据，外国青年群体对中国文化的认知意愿强烈、认知度最高的三个中国文化符号是熊猫、绿茶和阴阳。② 可以看到，与中国的自然资源、生活方式等相关的文化符号在海外公众中认知度很高，是可供深度开掘的重要文化符号资源。在持续推进国际传播能力建设、提升讲好中国故事话语叙事能力的过程中，通过对多元传播符号、多种传播方式和多样文化元素的综合运用，搭建场景传播、情感传播为一体的融合传播情境，是当前国际传播工作的重要创新路径。

---

① 柳田：《中国人需要怎样的文化符号》，《解放日报》2011 年 1 月 13 日第 007 版。
② 靳晓燕：《外国人对中国文化认知调查报告》，《光明日报》2015 年 6 月 12 日第 06 版。

第三章 慢直播：一种全新的传播

今天，我们正处于一个图像生产、流通和消费急剧膨胀的"非常时期"，处于一个人类历史上从未有过的图像资源富裕乃至"过剩"的时期。有学者提出，可以用三句话来描述视觉主导的传播现状：如今看得越来越多，看得越多则越是要看，越是要看就看得越来越快。[①] 受众对视觉传播内容不断"求新求快"的需求，在新的传播技术加持之下，不断得到满足的同时又不断被推升。在传播资讯大爆炸的背景下，人们快节奏的生活与信息高效传播相互适应，追求速度成为媒体的"本能"，导致"新闻烂尾""舆论失焦""反转新闻""谣言"等现象层出不穷，主流媒体的社会责任和公信力面临前所未有的挑战。为消弭快传播的负面效应，与"慢生活""慢摄影""慢城市""慢设计"等概念相互呼应，以慢新闻、慢电视、慢直播为主要形式的"慢传播"逐渐发展成为智媒时代新闻业新的增长点。[②] 由此也可以看到，"慢"已经越来越成为一种潮流，"慢生活"的理念得到广泛的认可和提倡，而这一理念转变体现在传播领域就是慢直播逐渐兴起的价值根本。

为了阐释清楚慢直播这种全新的传播形式，我们将首先从慢直播兴起的外部条件——媒介环境入手，尝试将传播的创新形态还原到其所在的人类社会进程当中去，帮助我们理解慢直播的源起。然后再正式进入慢直播的内部属性，为它界定概念、厘清特点。在建立系统认知的基础上，再来探讨慢直播这种创新形态带来的新的可能性。

---

① 周宪：《视觉文化的转向》，北京大学出版社，2008，第 5 页。
② 史安斌、童桐：《快生活时代的慢传播：概念脉络与实践路径》，《青年记者》2021 年第 1 期。

图 3-1　慢直播概念界定

第一节　何来慢直播?(源起)

任何一种传播形态的发展,都有根植于其中的社会土壤,受到所处社会的公众心理、技术条件、媒介市场等多重因素的影响。其中,技术发展往往是人类社会方方面面向前推进的核心动力,同时又构成其最为突出的表征。在慢直播的发展历程中,社会环境变化带来的趋向转变和技术进步推动的形态演进,构成慢直播出现与发展的背景因素。

一、媒介环境

我们对于自身所处的当代社会有很多的注脚阐释,譬如"网络社会""数字社会"抑或"消费社会""风险社会",前两者指向技术带来的图景变化,后两者则是批判视角下的深刻反思。除此之外,还有一个同样堪受重视的概念——加速社会,也对当代人类社会做出了深刻的诊断。法兰克福学派第四代领军人物罗萨在他的知名著作《加速:现代社会中时间结构的改变》中,率先瞄准了现代社会正在不断加快的趋势现象,指出人类社会正在技术进步、社会变迁和生活步调三个维度上持续加速,社会生活的空间和时间的直觉与组织被完全改变,人类已经进入"高速社会"。[①] 个体被迫进入这种状态,"既是保持竞争力的必要投入,又是在世俗化的现代社会中,消除个体生命的有限性与世界时间的无限性之间的差异的策略。"[②] 在持续加速的社会空间里,我们的直观感受就是时间越来越不够用,在加速运转的规范系统中无处可逃。后续,罗萨又进一步指出,"社会加速"实为一种"现代性症候",即在经济增长、技术逻辑和竞争机制的主导下,整个社会进入一种

[①] 哈尔特穆特·罗萨:《加速:现代社会中时间结构的改变》,董璐译,北京大学出版社,2015。

[②] 吕鹤颖:《躺平:加速社会青年代际的感性减速》,《探索与争鸣》2021 年第 12 期。

高速运转的流动性状态之中，进而催生了以"缺乏关系的关系"为核心表征的新的异化。[①]

根据社会学者的研究，从农业社会到工业社会的 4000 余年间，人类社会的行走时速提高了近 7 倍，制造业产值提高了 34 倍，知识提高了 1700 倍，人口增长了 10 倍；从工业社会到信息社会的 150 年间，人类社会的行走时速提高了 170 倍，知识提高了 110 倍，人口增长了 5 倍。其中呈现出一条重要的规律：实践积累的基数越大，增长的节奏和速度也越快，这便是人类社会活动节奏的加速倍增化趋势。这种持续滚动的加速倍增，给全球都带来了深刻的影响，包括社会变革的频繁化、代际冲突的普遍化、文化矛盾的明朗化。世界走得越来越快，矛盾越复杂、冲突越深化。[②] 在这种高速的社会生活状态下，以快为核心表征的即时化、效率至上的生活理念逐渐成为一种全球性潮流。

19 世纪末，美国人阿瑟·史密斯（Arthur Henderson Smith）出版了《中国人的性格》（*Chinese Characteristics*）一书，根据他在中国长达半个世纪的生活经验总结了清末中国人的 26 种性格特征，此书被公认为是世界上研究中国人民族性最早、最详尽的著作。在这本书中，史密斯特辟一个章节来描写中国人"漠视时间"的特点。他写道："对中国人来说，盎格鲁-撒克逊人经常性的急躁简直是不可理喻的……无论如何，要想让中国人培养出做事快捷的观念和习惯，那是相当困难的。"[③] 他认为，不紧不慢是一种中国人渗透到骨子里的性格特征。然而，到了 21 世纪，这一特征已经不复存在，甚至到了完全相反的地步。

在 2000 年到来时，诸多学者都不约而同地慨叹它的非同寻常。丹尼尔·贝尔称："后工业社会即将来临。"阿尔温·托夫勒说："第三次浪潮来了！"约翰·奈斯比特则大声疾呼："我们即将迎来一个新的时代。"罗马俱乐部也断言："人类处在转折点。"[④] 而在中国，过去几十年的社会转型，在时间上体现为从传统时间向现代时间的转变，农业社会的时间是粗线条的，工业社会和信息社会的时间越来越精细化。在巨大的社会变迁进程中，人们的"心

---

① 哈尔特穆特·罗萨：《新异化的诞生：社会加速批判理论大纲》，郑作彧译，上海人民出版社，2018。

② 郉正：《当代社会发展趋势与中国社会的结构转型》，《北方论丛》2004 年第 5 期。

③ 阿瑟·史密斯：《中国人的性格》，鹤泉译，中国华侨出版社，2014，第 26 页。

④ 郉正：《当代社会发展趋势与中国社会的结构转型》，《北方论丛》2004 年第 5 期。

理时间"发生了改变，越来越多人越来越明显地感受到"时间贫穷"。波兰社会学家什托姆普卡用两个概念来说明时间与社会变迁的关系：一个是"定量时间"，即我们熟悉的时间表现形式，通常用日期、时刻等作为单位来计量；另一个则是"质性时间"，这种定性的时间是由社会进程本性决定的，人们对于时间的长短、快慢、节奏的认知会受到社会进程中事件特性的影响，同时不同个体和群体所感受到的时间可能是不同的。可以看到，后者包含着明显的主观性，实质上是一种"心理时间"。① 而"时间贫穷感"，就是指"心理时间"的不足感、透支感。这种"贫穷感"的源头，首要表征就是生活时间被挤压，生活中本该具有的休闲时间被工作时间挤压；另一个表现是个人对于时间控制感的降低和消失，个人在时间支配上处于被动地位，个人主导的时间减少，以个人为中心的时间减少。②

在这样"快节奏"的现代社会中，"处于现代化进程中的中国人"面临着社会支持系统动摇、传统心理模式解构的境况，焦虑、冷漠、压抑等社会病日益凸显。③ 根据中央广播电视总台财经节目中心发布的《中国经济生活大调查（2019—2020）》，中国人每日平均休闲时间是 2.82 小时，其中每日休闲时间为 1—3 小时的人最多，占比近四成；处于 3—5 小时的人，达到 30.37%；同时还有 16.88% 的人表示自己根本闲不下来，每日休闲时间不足 1 小时。④ "忙到飞起"，成了大多数中国人的日常生活状态。于是，以"快"为核心的"倍速""秒杀"和"卷"⑤，成为新的常态，

---

① 彼得·什托姆普卡：《社会变迁的社会学》，林聚任等译，北京大学出版社，2011，第 42—43 页。

② 王俊秀：《"时间贫穷"：国人面临的新困境》，《人民论坛》2018 年第 21 期。

③ 心理学家胡纪泽认为，与传统中国人相对应的真正的现代中国人还没有形成，因此称为"处于现代化进程中的中国人"更为贴切。而在这一现代化进程中，中国人面临着：其一，以"孝"为核心的家庭人伦关系、以家庭人伦关系延伸的人际关系，及以儒家文化为主流、道家文化为补充的人生观，是中国人社会支持系统的三大要素，如今三大要素都发生了动摇；其二，重义而轻利、重动机而轻效果、重形式而轻内容、重耻感而轻罪感、重克制而轻享乐、重适意而轻思辨的传统心理模式，这六重传统心理模式也在现代社会发生了变化。在此基础上，胡纪泽提出，焦虑已经成为中国人普遍的心态，甚至成为"现代化进程中中国人的焦虑人格"。见胡纪泽：《中国人的焦虑》，中国城市出版社，2013，第 9 章。

④ 央广网：《"中国经济生活大调查"中国人每天平均休闲 2.42 小时 北上广深广州最忙》，2020 年 7 月 3 日，https://baijiahao.baidu.com/s?id=16711736105467892728&wfr=spider&for=pc，访问时间：2023 年 5 月 22 日。

⑤ "卷"，网络流行语，来自学术术语"内卷"。人类学家戈登威泽在研究中提出，一类文化模式达到某种最终形态以后，既无法稳定下来也无法转变为新的形态，只能不断地在内部变得更加复杂，这种现象称为"内卷化"。在网络空间讨论中，这个概念被年青一代网络用户沿用，延伸代指非理性的内部竞争或者"被自愿"的竞争。

"斜杠"① 成为很多人的生活方式，对"治愈系"的追捧成为普遍的心理需求。

从学理层面来看，"社会加速"是现代性发展逻辑下最重要的表征，而媒介消费也同样在加速中呈现出新的面向。社会学家认为，现如今我们步入了一个由媒介建立的后现代主义的社会，而电视与网络媒体正是后现代最重要的载体。媒介的文化娱乐功能逐渐上升为主要功能，再加上电视具有高达 90% 以上的覆盖率，网络覆盖率也达到了 50% 以上（到 2021 年底已经超过 63%），正好符合如今后现代社会竭力追求平面化、无深度、快速拼贴和复制的文化语境。② 在媒介技术的推动下，信息传播突出即时性和表面性，注重"眼球"而忽略"心灵"。在这样的媒介环境下，现代社会呈现出数字化、碎片化、视觉化的特点，"快节奏"成为描述现代社会最为贴切的标签。

整体来看，人们对物质和精神的追求最终总是趋于平衡的，既需要快节奏的工作也需要慢步调的生活。越是在快节奏中前进，人们就越希望回归过去的慢生活，得以放松精神，享受平和宁静。1986 年，意大利一位名叫佩特里尼的记者对没日没夜的工作和毫无营养的快餐发起挑战，号召发起一场"慢食运动"（Slow Food Movement），并且提出：城市的快节奏生活正以生产力的名义扭曲我们的生命和环境，我们要从慢慢吃饭开始，反抗快节奏的生活。很快吸引了众多人呼应，"慢食"风潮从欧洲开始席卷全球。由此进一步引发出一系列的"慢生活"主张，慢餐饮、慢旅游、慢运动、慢阅读，等等。③ 被称为慢生活家的卡尔·霍诺指出，"慢生活"不是磨蹭，更不是懒惰，而是让速度的指标"撤退"，让生活变得细致。这是相对于当前社会快节奏生活的另一种生活方式，这里的"慢"是一种意境，一种回归自然、轻松和谐的意境。

随着"回归传统""回归人本"的慢生活潮流兴起，人们对"慢"的审美期待逐渐复苏，慢传播的理念也开始逐渐凸显。

---

① "斜杠"，流行语，来自标点符号中的"/"（正斜杠）。在文字表述中，这个符号通常被用作间隔符号，表达"或者"的意思。美国学者马尔奇·阿尔博赫（Marci Alboher）于 2007 年出版了一本《一个人/多种职业》（One Person/Multiple Careers：The Original Guide to the Slash Career）的专著，将多重职业的"斜杠"人群带到了人们的关注之中。"斜杠"的概念开始被广为接受，并且用来专指不再满足"专一职业"的生活方式，拥有多重职业和多元身份的人群。

② 王川川：《关于慢电视的延伸性思考》，《今传媒》2015 年第 7 期。

③ 赖惠能、方志财：《不知不觉慢运动》，广东人民出版社，2019。

二、形态演进

慢直播的内容形态是在"慢下来"的理念进入传播领域之后，在慢传播的源流进程中逐渐浮现的。慢直播的直接缘起在于"慢电视"，从北欧大陆开始兴起并逐渐风靡全球，随后在互联网的传播语境下发展为更为广泛意义上的慢直播。随着网络通信技术的快速发展，慢直播具备更宽广的传播渠道和更强的参与平台，受众可以通过移动设备在各种场合、不同时间接入，并且通过评论等方式实时互动。在网络直播平台的介入下，慢直播的传播形态发生了语境转变，但是其"慢"的特质沿袭了下来。

溯源而上，探析发展历程，从最初的实验艺术手段到如今以互联网为主要播出平台的慢直播，大致经过了下述演变历程。

与慢直播理念相关的初始内容形态，可以追溯到一种艺术表达手段。作为一种视觉传播的内容形态和艺术形式，电影是最早被应用到慢传播中的媒介技术，波普艺术大师安迪·沃霍尔就是其中的主要创新者和推崇者。1963年，沃霍尔拍摄了他的处女作《沉睡》（Sleep），长达 5 个多小时的影片，以自然时间状态记录了一位男子的睡眠过程。此后，他又拍摄了《吃》（Eat），记录一个人花了 45 分钟吃蘑菇的全过程。第二年，他又和朋友一起拍摄了《帝国大厦》，从当天下午 6 点开始，镜头始终对着帝国大厦固定拍摄，直到凌晨 1 点结束。这些实验影像作品被后世称为"慢电影"，被视为战后新美国文化的一面镜子，用日常生活的琐碎无聊来还原自然，"迫使我们去面对消费主义文化及其带来的虚假意义"。① 从今天的视角来看，这些影像作品在实质上符合慢传播的属性，成为慢传播的初始形态。

受到"慢电影"的启发，1966 年，美国 WPIX 电视台开始尝试播放"无内容"的电视节目《圣诞木》（The Yule Log）。一台摄影机对准燃烧的壁炉圆木篝火，背景音是圣诞音乐，固定画面在圣诞夜当晚持续播出 4 个小时。这种独特的节目内容，意外获得了受众的认可，于是成为电视台的固定惯例，每年平安夜到圣诞节早晨都会播出。这种慢节奏、无剧情的内容形式，与当时的主流节目内容形态形成巨大反差。由于这类节目利用循环胶片延展时长播出，并且有一定的剪辑手法的运用，导致并没有被人们界定为慢

---

① 李鑫：《你真看懂安迪·沃霍尔了吗?》，影艺家微信公众号，2021 年 11 月 25 日，https://mp. weixin. qq. com/s? _ _ biz＝MzA3NjI2NzQyOA＝＝&mid＝2652771898&idx＝1&sn＝c40a59383782ab9d8ad08c3c408a5e1c&chksm＝84895cf1b3fed5e7e8436913dfe83d9a0c7f324bcbfd20c872acb7e87876812694be64aad261&scene＝27，访问时间：2023 年 5 月 25 日。

电视。真正的"慢电视"诞生要到 21 世纪以后，以电视的实时拍摄和传输技术的成熟为前提。

图 3 - 2 《卑尔根铁路：分分秒秒》
(图片来源：挪威公共广播电视公司网站)

2009 年，挪威公共广播电视公司 NRK 拍摄播出了《卑尔根铁路：分分秒秒》(*Bergensbanen：minutt for minutt*)。通过 4 台摄像机的视角，呈现了一列火车从卑尔根到奥斯陆长达 7 小时 14 分的完整旅程。过程中不插入任何广告，也没有剪辑调度。看似无聊的节目受到全国观众的极大欢迎，超过 1/5 的挪威人都收看了该节目。受此鼓舞，制作团队后续又推出了一系列类似的节目内容，如《鲑鱼河每分钟》(*Lakseelva minutt for minutt*)记录钓者 18 个小时内的钓鱼过程，《全国编织夜》(*Nasjonal strikkekveld*)呈现 12 个小时的编织活动全程，等等。这种自然态、无剪辑的内容形式基本形成模式。电视台又对节目的播出方式做出升级调整，2011 年，策划推出《海达路德邮轮的每分钟》(*Hurtigruten minutt for minutt*)，首次将原本录制播出的节目内容通过直播形式实时播出，开启了慢直播的尝试。在邮轮出发后的 134 个小时中，通过 11 台隐蔽架设的摄像机，观众可以实时观看整个航行过程。通过电视台的网站，148 个国家的网民观看了直播，同时还可以通过社交网站展开进一步讨论。在直播过程中，挪威皇室偶然出现，更是引发了普遍的关注和讨论。此后，这种慢电视的节目形式逐渐风靡欧美。例如，英国广播公司(BBC)就推出了大量慢电视的节目内容。2014 年起，BBC 四台推出了一系列的慢电视直播，包括《国家美术馆》(*National Gallery*)、《登船！河道之旅》(*All Aboard！The Canal Trip*)等展现英国风光、人文的作品。可以看到，这一阶段慢传播的内容形态发展，主要以欧洲国家的电视机构为主导，以自然风物、旅途风光、手工技艺等为主要内容题材。

随着互联网作为直播的新渠道出现，真正意义上的"慢直播"业态兴起。与慢电视相比，慢直播是一个更具融合属性、更有技术色彩的概念，具有融合性和参与性强、延展性和连接性高、干扰度和信息密度低等特征，是建基于网络技术环境的全新传播形态。2016 年，美国《华盛顿邮报》的脸书团队对植物园中一株"尸花"的开放过程进行了 4 小时无间断直播，观看人数超过 22 万。2018 年和 2019 年，澳大利亚特别广播电视台（SBS）开启了系列网络直播《慢夏》（*Slow Summer*），以长途火车、游船、公路交通的视角展开，呈现澳大利亚的夏日时光和自然风物。此后，慢直播渐成通例，越来越多的相关内容上线。2021 年疫情期间，西班牙阿拉贡电视台就依托网络上线了《2021 年之旅》，利用慢直播真实呈现萨拉戈萨医院的救治情况。

与国外相比，得益于国内互联网发展的超高速度，我国的"慢直播"业态全面发展来得更加集中且迅速，其间又以标志性的慢直播内容推出构成重要节点。2013 年 8 月 6 日，由中央广播电视总台央视网着力打造的 iPanda（熊猫频道）正式上线，面向全球网络用户推出 24 小时的高清视频直播，成为国内第一个真正意义上的慢直播平台。作为一个原生于互联网的网络传播平台，熊猫频道以大熊猫为主题，以多终端、多语种为媒介，通过 7×24 小时全方位全时段直播，聚焦大熊猫野化放归、繁育交配、新生大熊猫宝宝亮相及其他珍稀物种等热点内容，经由手机、网页及社交媒体多端口传播，面向全球民众传播关于大熊猫和其他珍稀物种保护的知识，向各国网友展示中国在生物多样性和生态环境保护领域的努力和成果。熊猫频道的领先实践，为慢直播在中国的扎根发展打下了坚实的根基。

时至 2016 年，网络直播业态进入显著发展期。除了互联网传播机构之外，传统媒体也开始纷纷加入网络直播的热潮，中国的"网络直播元年"到来。这一时期，大量慢直播开始涌现。不少慢直播专题陆续推出，产生了良好的传播效应。当年春天，北京新媒体集团联合全市 16 区、全国 14 省区市共同发起参与大型互联网慢直播《北京时间·花开中国》。工作人员先期架设数百个精心设计改造的 360 度"小水滴"视频采集设备，每天通过 200—300 个摄像头在北京及全国各地拍摄、采集花开盛景，在长达半年时间里采集各地花开花落、春华秋实的全过程，并且通过"北京时间"网站和 App 传递到全国网民面前。[1] 2017 年 5 月，《中国青年报》客户端联合北京新媒

---

[1] 李夏至：《"北京时间"开启视频新闻直播时代》，《北京日报》2016 年 4 月 12 日（03）版。

体集团和全国铁道团委，发起了一次"史上最长"的网络慢直播。由拍摄团队火车、汽车并进，沿着与古丝绸之路重合的 X9004/3 次中欧班列西行路途，连续 4 天进行 100 个小时的"中欧班列"慢直播，持续实时呈现火车前行沿途的景色变化，作为"一带一路"国际合作高峰论坛的亮点报道，取得了不俗的传播效果。[①] 2018 年 4 月，正值青海湖鸟岛的最佳观鸟季，为了满足全国各地爱鸟人士的观赏需求，青海广播电视台连同青海湖景区保护利用管理局共同上线"鸟岛慢直播"，连续一个月的时间，通过固定在景区的 8 个机位提供的 8 路信号，实时传播鸟岛的美景和群鸟，成为国内首次针对鸟类湿地的"慢直播"。[②]

在此之后，除了自然环境、生态景观，慢直播也开始应用到重大事件、突发事件等新闻报道当中。2019 年，新华社新媒体中心推出了"新中国成立 70 周年庆典"慢直播，使用全球首台"5G＋8K"转播车进行了一场 24 小时的超高清"慢直播"，实现首次 8K 全链条实战直播报道。这次报道集成 8K 采集、5G 传输、8K 呈现等前沿技术，通过多路直播信号同步传输，为全国受众提供了国庆盛典的全景视角、高清画面。[③]

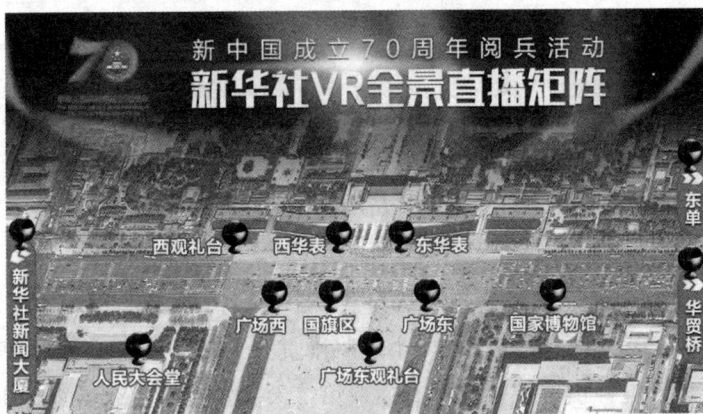

图 3 - 3 新华社推出"新中国成立 70 周年庆典"24 小时慢直播

(图片来源：新华社微信公众号)

---

① 中青在线：《一百小时见证中欧班列点亮新丝路》，2017 年 5 月 5 日，http://news.cyol.com/co/2017−05/05/content_16029398.htm，访问时间：2023 年 5 月 22 日。

② 环球网：《中国首个鸟类湿地慢直播平台上线》，2018 年 4 月 20 日，https://china.huanqiu.com/article/9CaKrnK7TSM，访问时间：2023 年 5 月 22 日。

③ 王思北、孙少龙、周玮：《高站位·广视角·融媒态——数说中央主要媒体新中国成立 70 周年报道亮点》，《人民日报》2019 年 10 月 11 日第 06 版。

作为融合传播的重要内容形态路径，慢直播开始为更多主流媒体和宣传机构广泛采用。2019年两会期间，云南将本省官方旅游服务平台"游云南"App的景区慢直播画面带到了人大代表团驻地，引起各地代表和新闻媒体的关注。"游云南"的慢直播共设置超过1400路直播流接入，覆盖云南全省15个州市95％的A级景区，大量鲜为人知的秘境风光以24小时不间断的直播画面展现出来。"游云南"慢直播已经形成一定的影响力，被认为是云南全域智慧旅游建设中"最直观、最快捷、最有效的宣传利器"。① 2019年底，《广州日报》正式上线了"广州小蛮腰慢直播"，通过《广州日报》新闻客户端、新花城客户端的慢直播平台，以及《广州日报》的微博、微信公众号等，可以随时观看"广州CBD"的实时景观。②

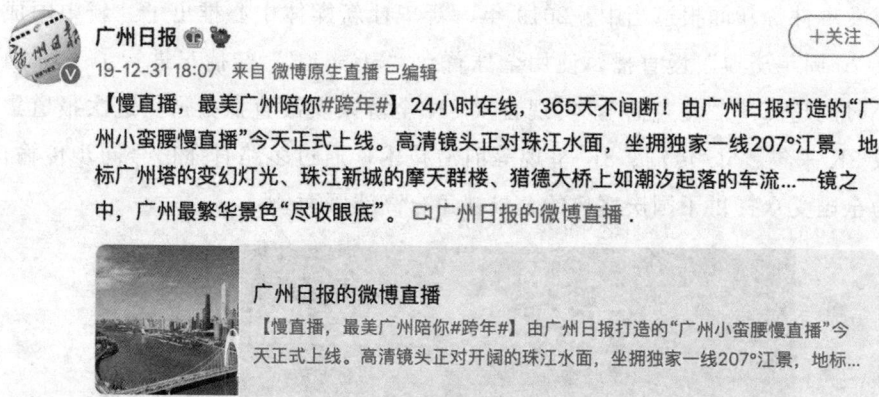

图 3-4　广州日报慢直播
(图片来源：广州日报微博官方账号)

2020年初，新冠肺炎疫情突然暴发，中央广播电视总台央视频5G新媒体平台很快上线推出了"疫情24小时"慢直播。1月26日，央视频全网独家上线第一路火神山医院建设慢直播，第二天又紧接着上线了雷神山医院建设高清慢直播。系列慢直播先后共上线7路镜头，其中包括两路VR镜头。从医院建设到投入使用，24小时不间断直播共持续117天，累计在线直播

---

① 中国日报网：《"游云南"携一千多路慢直播进京"两会"代表直呼"太美了！"》，2019年3月14日，https://baijiahao.baidu.com/s? id=16279436506770201768&wfr=spider&for=pc，访问时间：2023年5月25日。

② 广州日报微博账号：《慢直播，最美广州陪你＃跨年＃》，2019年12月31日，https://weibo.com/1887790981/Inl132kVd，访问时间：2023年5月25日。

超过 6000 小时。① 通过慢直播镜头，全国乃至全球的网友共同见证了火神山医院、雷神山医院的建设全过程，"与疫情赛跑的中国速度"震撼世界，"云监工""叉酱""挖掘机天团"等关键词屡次登上热搜榜。在这期间，央视频各项运营数据不断创下历史新高，客户端 App 跃升苹果应用商店排行榜 TOP1，超过 144 家海内外媒体或平台转发引用相关内容。可以说，这次慢直播已经成为一次现象级传播事件，不仅凭借客观真实的传播方式赢得突发公共卫生事件中的舆论热议，更是将慢直播这种传播形态由幕后推向台前，进入更多普通公众的视野。

随着传播技术发展和传媒市场升级，融合传播的大趋势为慢直播的创新升级提供了更多的可能性空间。2020 年 6 月，《中国青年报》社会调查中心发布问卷调查，结果显示有 90.2％的受访者看过慢直播，87.8％的受访者喜欢看慢直播，78.1％的受访者对慢直播的发展持乐观态度。② 可以说，慢直播的传播受众市场已经基本形成，慢直播的进一步发展前景可期。

三、发展动因

如前文所述，从社会的普遍文化心理来说，面对"加速社会"带来的"失速感"和"错失焦虑"，人们渴望用"慢"来抵抗社会生活的快节奏。越来越多人加入减速的文化运动当中，试图通过慢文化和慢运动来摆脱快节奏生活和消费主义对自身的控制。其中，中国人传统上就有着对于"悠然见南山"的慢生活的向往。随着当前经济增长和社会发展的持续加速，忙碌焦虑的生活更加激发了人们对"慢"的向往。正是这样的社会文化环境背景，成了慢直播这种新的传播形态萌生与发展的动力因素。

图 3-5 慢直播的发展动因

① 人民网：《2020 内容科技应用典型案例：央视频〈疫情 24 小时〉慢直播产品》，2021 年 6 月 10 日，http://yjy.people.com.cn/n1/2021/0610/c244560-32127852.html，访问时间：2023 年 5 月 25 日。
② 中国青年报：《87.8％受访者喜欢看慢直播》，2020 年 6 月 4 日，https://baijiahao.baidu.com/s?id=1668519150444673832&wfr=spider&for=pc，访问时间：2023 年 5 月 25 日。

（一）受众需求转向，呼唤回归自然的传播

在当前的网络视听传播产业中，呈现出这样一个趋势：其一，视觉产品日趋丰富。对于受众来说，可看的越来越多。其二，丰富的视觉产品不断推升视觉需求。人们不仅要看，而且要看得越来越好。其三，视觉技术的不断发展，大大拓宽了视域范围，可见可观的内容越来越多，甚至超出了真实与虚拟的边界。其四，视觉消费的强度不断增加，开始形成审美疲劳和神经餍足。看得越多，看得越快，越不知所措。从一个比较的意义来看，当代人生活在一个视觉刺激富裕甚至过剩的文化当中。过度的视觉传播在提升人们视觉欲望的同时，也削弱了人们的视觉兴趣和新鲜感觉，导致广泛的视觉疲惫，并造成了某种新的视觉匮乏或缺失。新的视觉技术的引入，在短时间内可以缓和这样的局面，但在长期来看仍然不能消解这一困境。基于技术手段实现的视觉传播呈现出的高度同质化和类型化，尤其是人工化、程式化和虚拟化，使得这类视觉传播产生反效果，出现某种程度的冷漠和厌倦。

那么，视觉传播的前路究竟在哪里？周宪在他的专著中提出了"视觉文化转向"的概念，就是指在视觉传播进入神经餍足的瓶颈以后，开始由高度技术化和商业化的视觉文化转向"视觉自然"。① 这里的"视觉自然"具有双重含义：其一，从视觉传播的接受主体来看，人从内在本质出发体现出转向视觉自然的倾向；其二，就视觉传播的对象客体来说，从虚拟以及再造的真实回到自然。换句话说，在观看的视觉主体性中回归自然，要自然地看；在观看的对象客体性上还原自然，要看得自然。

（二）传播技术升级，奠定慢直播的基础建设

在世界范围内，各种新技术、新应用、新业态、新市场层出不穷。媒体产业也相应进入一个较长时间的推陈出新的变革时期，传播市场也呈现出全新的发展态势：其一，数字技术应用日趋深入；其二，新兴业务形态层出不穷；其三，全媒体技术融合方兴未艾；其四，新型服务体系崭露头角。从客观条件来看，传播技术的发展升级，尤其是网络传输技术的升级和视频直播技术的成熟，为慢直播的迅速崛起提供了坚实的基础。

在互联网兴起之前，部分慢电视节目实际上是先制作再播出，尚未达到真正意义上的实时直播。而实时直播对广播电视传输网络带宽以及线性播出

---

① 周宪：《视觉文化的转向》，北京大学出版社，2008，第352—355页。

资源都提出了较高的要求，导致当时的慢直播只能以慢电视的形态存在，作为电视节目创新手段的呈现。20 世纪 90 年代互联网诞生之后，随着电信网络尤其是移动电信网络的迭代，不断提升网络传输的带宽速率，尤其是在进入 4G 网络阶段之后，慢直播拥有了畅通的传输渠道，实现了随时随地的信号传输。当前 5G 技术的发展，又进一步突破了视频传播的信号质量和传输成本的限制，提升了实时传输的高清画质、稳定信号，为慢直播的快速发展普及打下了坚实的技术前提。这些技术变革为内容传播提供了永久在线、永久连接的可能性，慢直播的出现与发展具备了技术可能性。

（三）内容业态洗牌，需要慢下来的传播

随着移动互联网、5G 网络的发展，以及互联网普及率的提高，短平快的传播形式受到众多大型平台、用户和资本的青睐。移动互联网时代的内容生产，具有信息生产"众包"化、信息来源多元化、信息消费碎片化的特点。大量的泛主体参与到内容的生产传播当中，商业性和目的性较为明显。而这些主体参与视频内容生产的最终目的是吸引流量并进一步推动流量变现，因而通过迎合受众喜好而快速吸引流量成为通行手段。这就导致市场中同类内容泛化严重，某一视频火了以后，大量创作者会跟风创作高度类似甚至同样模板的内容。平台上出现的生产主体和传播内容在数量上越来越多，而真正有独特性的内容却越来越少，垂直领域内容产品层出不穷，海量、碎片化的快消产品和类型内容充斥传播环境，形成一种令人目不暇接的"丰富的匮乏"。

面对传播平台推送到眼前的"丰富"，受众时常陷于一种"错失的恐惧"（fear of missing out，FOMO）之中，担心自己被互联网的信息洪流排除在外。因而在不断追赶信息潮流的过程中，传播超速、信息冗余成为常态。随时随地接入、线上线下快速切换的碎片化场景，也成为大多数网民内容消费的常态。美国学者迈克尔·戈德海伯指出，在碎片化时代，人们每天面临着海量的信息，注意力变得越来越稀缺，人们更愿意记住在短时间内富有亮点、与众不同的内容信息。为了抓住稀缺的注意力，视觉传播的内容生产通常采用简单明了的平面化叙事，注重情节冲突性，诉诸情感刺激，妄图用直击感官的内容抓住受众。正如法国后现代主义理论学家鲍德里亚所说："当人们快感的获得越来越容易，真正的快乐就会越来越远。"在此背景下，很多人开始呼唤"做减法"，降低传播速度，减少信息数量，缩减信息密度，降低情感浓度，深化叙事深度，从"冗余"回归到"适度"。国外有学者提出，这反而可以带来一种"错失的快感"，受众可以自主选择、重点关注自已感兴趣、有意义的话题和内容，而不会被各种各样的海量信息、同质内容所淹没。

（四）媒介事件推动，扩大慢直播传播效应

国内广播电视行业的资深业内人士孙玉胜，曾把电视上的直播划分为竞赛类、仪式类、发现类和突发性事件四个类别，并将前三者合并统称为"预发的程序性直播"。[①] 而在美国学者丹尼尔·戴扬和伊莱休·卡茨的论述中，上述四类都属于所谓"媒介事件"，是在现场直播下构成的"那些令国人乃至世人屏息驻足的历史事件"。[②] 在传媒发展的历史中，媒介事件始终与媒介技术的发展形影相随。很多传播技术的应用，以及不少传媒机构的崛起，都是在媒介事件的助推之下，迅速得到受众的认可，赢得广泛的传播效应，进而在传媒市场中站稳脚跟。电影如此，广播如此，电视更如此，今天的网络慢直播也是如此。

从 2016 年各大媒体和传播平台纷纷试水移动直播，到 2019 年各大平台逐渐建立基于直播内容的运营体系，慢直播一直作为视频传播内容的一种创新生产方式隐匿在幕后默默发展。技术创新与媒介事件耦合之下，慢直播迅速来到网络传播的聚光灯下，引发现象级的传播体量和如潮热议。2020 年抗疫期间，武汉"两神山"医院建设"云监工"形成了全国范围内一次基于慢直播的传播爆款，传播效应甚至蔓延到了国外。在慢直播相关素材基础上形成的多种视频产品进一步溢出，在国内国外都形成了广泛的关注和讨论。在疫情告急、生命关怀、大国实力和超长直播等不同话题的共同作用下，这场直播成就了抗疫历程的"历史性时刻"，也成为慢直播发展历程中的里程碑事件。特定的媒介事件建构起一个具有仪式性的直播场域，而群体团结、个人的情感能量、代表群体的符号和道德感这些因素相互作用，形塑大众的共同体意识，调动公众对热点事件的参与激情，进而扩大了慢直播这一媒介实践的社会影响。[③]

自此之后，众多聚焦媒介事件的慢直播纷纷上线，持续扩大慢直播的应用场景和传播效应。2020 年 4 月，央视频推出了"珠峰十二时辰"系列慢直播，带着全网受众一起云登顶看珠峰，成就全球海拔最高的慢直播；2021

---

① 孙玉胜：《十年：从改变电视的语态开始》，生活·读书·新知三联书店，2003，第 231 页。
② 丹尼尔·戴扬、伊莱休·卡茨：《媒介事件：历史的现场直播》，麻争旗译，北京广播学院出版社，2000，第 1 页。
③ 郑玄：《从"慢直播"看中国视听媒体融合发展的业态创新》，《现代视听》2021 年第 4 期。

年 12 月，央视新闻又开启了"天宫之镜"独家慢直播，通过来自中国空间站的慢直播视频画面，从 300 多公里外的太空遥瞰地球全景。

图 3－6　央视新闻"天宫之镜"太空慢直播

（图片来源：央视新闻在哔哩哔哩的官方账号）

第二节　何为慢直播？（定义）

脱胎于实验性的艺术手法，在电视节目实践当中逐渐磨合成型，随着社会心理需求的转向和内容产业升级的需求带来生长空间，网络传播技术的出现和发展构成土壤，在这样的前提基础上，慢直播这种创新的传播形态得以诞生，并且在直播技术、网络传输渠道和移动终端的支持下快速发展。但在形成一定的受众规模和传播效应的基础上，如何在众多的网络传媒形态当中厘清慢直播的概念？这是来到我们面前的重要问题。

一、慢直播的跨学科探索

所有的概念论述在成型之前，都要建基于所属领域以及相关学科的研究和讨论之上。因此，在我们正式提出慢直播的定义之前，有必要先从交叉学科的视角梳理不同领域学者专家对于慢直播的探析，以期对慢直播形成一个更为宏观统揽的学术视野。

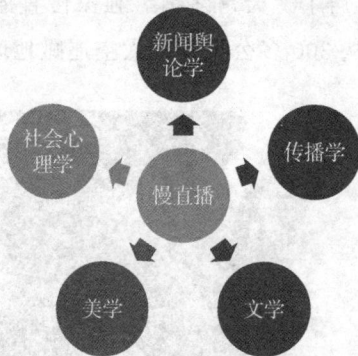

图 3-7 跨学科视域下的慢直播探讨

（一）新闻舆论学视角下的慢直播：有效补充新闻的议程设置

议程设置理论认为大众媒体通过议程安排可以使受众确定什么问题是最重要的，从而影响公众舆论。对新闻及媒介事件的慢直播，由媒体策划再播出，将客观真实的现场内容第一时间呈现给观众，消除信息不对称可能带来的恐慌和负面影响，为公众提供了重要的议事日程参照。

与此同时，慢直播通过传受双方的互动搭建了媒介与受众两方共同构成的公共舆论场。詹金斯在《文本盗猎者：电视粉丝与参与式文化》一书中提出，受众成为参与式文化的创造者。慢直播形成的舆论场，能够积极地引导民意表达和民意释放，助力社会共情与舆情共识的构建。在"火神山""雷神山"建设的慢直播中，观众会自主进行传播，并发现其中的亮点所在，默契开展"云监工""云打卡"等活动。这些内容又在媒体的二次传播中被广泛引用，促成不同话语体系之间的沟通理解。媒体舆论场和公众舆论场在慢直播的缓慢节奏中，通过交互的创作形成了平和的公共舆论场。

（二）传播学视角下的慢直播：体现冷媒介特征，要求受众更多卷入

根据传播学大师麦克卢汉的观点，相对热媒介要求低参与度，冷媒介要求的参与度高，进而要求接受者完成的信息也更多。在新媒体视听占主流的当下，人们身边充斥着短视频等诸多的热媒介，包含大量的信息和高强度的刺激。慢直播作为一种冷媒介，相较于其他直播形态，没有讲解和旁白的辅助，只有简要的主题描述。接受者在观看慢直播时需要听觉、视觉等多个感官参与，甚至在观看 VR 慢直播时，还需要身体的动态加入。在这个意义上，慢直播延伸的器官更多，也带给受众更高的参与度。

从另一个角度来看，慢直播构建了一种传播仪式感，有利于构建社会性

集体活动。美国文化研究学者詹姆斯·凯瑞提出，从仪式的角度把传播看作"一种以团体或共同的身份把人们吸引到一起的神圣典礼"，进而来"建构并维系一个有秩序、有意义、能够用来支配和容纳人类行为的文化世界"。[①]面对两会、国庆阅兵此类广受社会关注的媒介事件，慢直播在其中最终成为仪式构成的重要部分。根据互动仪式链理论，参与者在关注点与情感的相互连带中，能够产生一种共享的情感体验与身份认同，进而形成新的社会定位与社会形象。慢直播即是这样一种促进人们共享情绪和情感体验的互动仪式。

当受众带有鲜明的满足预期的特征去观看慢直播时，一定是为了寻求某种特定内容消费的需求满足。根据使用和满足理论，人们接触使用媒介的目的都是为了满足自己的需求，这种需求和社会因素、个人心理因素有关。观看自然风景类、动物萌宠类的慢直播，在点进去之前，受众就已经带有陪伴需求或解压需求；而在相关时事性质的慢直播中，如"进博会"、疫情期间物资的分发，受众带有的则是监控权威、见证事实的需求。

（三）文学视角下的慢直播：隐藏叙事主体的第一视角讲述

在传统文学当中，文学文本当中通常存在一个人格化的叙述者，承担着讲故事的功能。通常情况下，这个叙述者既区别于作者本人，也区别于阅读者。这样一个叙述者的在场，让阅读者始终意识到作者的存在。[②] 慢直播的叙述者始终处于一种"退场"的状态，观众所看到的画面都是不带叙事主体主观意图的客观真实存在。这使得观众可以从自我出发，自由地对慢直播内容进行建构和解构。例如，在"两神山"医院建设的慢直播中，看似枯燥的施工现场的漫长镜头，却引来观众自发地在评论区为挖掘机取名、打 call。

慢直播采用聚焦的叙事结构，增强了内容消费过程中的期待感。热拉尔·热奈特提出"聚焦"概念，指连续性的叙事结构要保持一个固定的叙事视角，将叙事时空局限在一定范围内，使读者无法预知视线以外的事情。[③]慢直播依靠固定的摄像镜头，让观众只能看到固定镜头所传达的线性直播内容，无法了解镜头外发生了什么事情，也无法预知事件的下一步走向。这样

---

① 詹姆斯·W. 凯瑞：《作为文化的传播》，丁未译，华夏出版社，2005，第 28 页。

② 张丽、刘念：《自我阐释与期待视野：慢直播的叙事特征研究》，《中国新闻传播研究》2020年第 4 期。

③ 张丽、刘念：《自我阐释与期待视野：慢直播的叙事特征研究》，《中国新闻传播研究》2020年第 4 期。

的实时传播，在增强了悬念感的同时也引发了观众的期待。举例来说，澎湃新闻对御夫座流星雨的慢直播中，观众"守候"在直播间，"期待"着流星雨的降临。

（四）美学视角下的慢直播：体现趋于真实的审美取向

本雅明在《拱廊计划》中详细描述了 19 世纪中期，人们跟着乌龟的节奏漫步，专心地凝视与感受整个城市的细节。属于人体生理的感官在与乌龟的漫步中找回了原始身体的步履节奏，并真实客观地感受时间与空间，漫步者们走遍了整座城市并在每个角落留下专属记忆。慢直播的镜头就如同漫步的乌龟一样，观众的感官全部集中在直播内容中，借助屏幕与内容互动，最大限度实现身体感受与视听感官的统一。观众可以看到画面的每一个角落，听到画面另一端传来的真实声音，在客观时间与影像时间的重叠下，在客观空间与感官空间的贴合下，实现了感官的漫步。①

真实美学有着关注直接现实性主题、强调镜头的真实感、提倡非表演性等特点。慢直播一般没有镜头切换、解说语言和背景音乐，单纯依靠固定摄像镜头的画面将事物的面貌以一种真实、朴素、原生态的形式展示给观众，符合真实美学强调的真实性、非表演性、日常生活性。"熊猫""古丝绸之路""新冠肺炎"等议题都是全国乃至全球关注的公众性议题，符合真实美学强调的"直接现实性"。"两山医院建设"慢直播所展现出来的"没有天生的英雄，只有挺身而出的凡人"的思想，也契合了真实美学的特点。

（五）社会心理学视角下的慢直播：构成社会认同的入口

社会心理学家塔菲尔提出，认同是个体对其归属的社会群体认知，并从其获得的群体资格中得到某种情感和价值意义，个体的概念因为群体而明确。在此基础上，社会认同理论将社会认同的建构分为三个基本历程：类别化（categorization）、认同（identification）与比较（comparison）。类别化是将自己归为某一特定群体；认同是指自己拥有该群体中的普遍特征；比较是认同形成后，个人形成"内群体"和"外群体"的意识，使个人形成对内群体优越的评价以及贬低外群体歧视的评价。② 人们正是通过这三个历程，努力追求或保持一种积极的社会认同，以此来增强他们的自尊感。

对此，有学者指出，在当下这个由网络节点连接而成的社会中，信息的

---

① 孙嘉遥：《感官的回归：浅谈慢速美学视角下的慢直播》，《新媒体观察》2021 年第 23 期。

② 吴莹、韦庆旺、邹智敏：《文化与社会心理学》，知识产权出版社，2017，第 163 页。

双向互动不断打破时间、空间和环境等客观因素的限制，使人们能够建立更广泛的社会联系。网络传播时代的社会认同，不再是个体的身份归属问题，而是表达对社会的要求，有着强烈的价值要求和明确的价值取向的建构性的意义认同。[①] 在此意义上，慢直播正是通过独特传播形式带来的信息优势、情感优势和社交优势，推动了社会认同的构建进程，建立起更加广泛的社会意义认同。[②] 诸如"疫情 24 小时""古丝绸之路"等慢直播，都是公共议题，为公众提供了追求社会认同的入口，公众自发相聚在直播间，通过高度参与自我意见阐述、公共事务评论、民间舆论表达，将彼此凝聚成积极参与国家建设、心怀民族自豪感的爱国者群体，进而实现了社会认同的建构。

二、慢直播的概念界定

从 2016 年国内最早的慢直播熊猫频道上线至今，慢直播的传播实践在中国已经走过了起初的探索阶段，并且在突发事件和重大事件的一系列主题慢直播中确立起来，成为具有一定坚实受众基础以及传播影响量级的新型主流传播形态。然而面对这种创新的传播形态，学界的相关研究还相对滞后，现有一些论文，更多停留在以具体案例为聚焦的探析或从特定理论视角切入的阐释，缺乏具有深度的体系化研究，对于慢直播的概念尚无明确统一的界定。梳理现有相关研究我们可以发现，学界目前对于慢直播的研究，主要围绕以下几个角度展开。

第一，从新闻报道实践的角度将慢直播视作一种节目类型。杨雪、王天浩将慢直播定义为一种以马拉松式全程直播某种普通事件的电视节目类型；[③] 许淑淇将慢直播视为一种影像叙事；[④] 王建华认为慢直播是对事件发生过程原始、共时的记录；[⑤] 王晴提出慢直播是原生态、固定机位、无人工干预的视频节目样式。[⑥] 可以看到，在多数研究观点看来，慢直播是与传统

---

① 刘少杰：《网络化时代社会认同的深刻变迁》，《中国人民大学学报》2014 年第 5 期。

② 韩露：《社会认同视角下的慢直播研究》，《视听》2021 年第 2 期。

③ 杨雪、王天浩：《媒体融合背景下重大公共事件报道的传播创新实践——以央视频〈疫情 24 小时〉慢直播为例》，《传媒》2021 年第 6 期。

④ 许淑淇、吕蕊、张佳佳：《新直播形态：央视频平台中的"慢直播"分析》，《新媒体研究》2021 年第 4 期。

⑤ 王建华、宋亭芳：《慢直播的互动仪式建构与融合传播》，《重庆工商大学学报》（社会科学版）2021 年第 3 期。

⑥ 王晴：《融媒时代主流媒体新闻报道的创新——以央视频"两神山医院建造慢直播"为例》，《传媒》2021 年第 20 期。

直播方式不同的新型直播形式，构成新的传播样态，是传统直播的"补充"。曾祥敏认为，慢直播属于长视频的样态，具有即拍即播、无人为干预、自然态记录的特点。①

第二，从媒介的功能角度将慢直播视为一种媒介手段，强调慢直播在信息呈现、舆论监督、文化创作、情感交流等领域作为媒介载体具有重要的功能。孙海龙、唐瑞蔓把慢直播归属为彼得斯笔下的"后勤型媒介"，它们能将人和物置于网络之上，既能协调关系又能发号施令，整合人事，勾连万物；② 刘国元、徐凤琴则指出，慢直播是承担舆论监督的载体，作为新兴媒介与其他传统媒介有着不一样的特点，其"共景监狱"式的舆论平台和信息传播的真实性，加强了舆论监督的力度；③ 而在程雅堃看来，慢直播是一个展示自我和相互交流的平台。④

第三，从媒体融合的视角将慢直播视为一种融媒体产品。李悦悦撰文指出，慢直播是在网络直播优势的基础上发展出的一种新型产品形式；⑤ 张丽则在比较框架下，将慢直播界定为介于电视直播和网络直播的融合形态。⑥

尽管上述研究对慢直播的理解各有不同，但是对于慢直播的关键要素还是存在一定的共识空间。综而观之，作为一种创新的传播形态，慢直播可以是一种独特的内容类型，承担着重要的媒介社会功能，而究其本质来说是一种融媒体产品。

在梳理慢直播的相关研究基础上，纵览慢直播的诸多传播实践，我们可以将慢直播这种创新传播形态分离为三个要素：对象，指慢直播聚焦的议题范畴；内容，指慢直播呈现的内容特性；渠道，慢直播的传播所依托的媒介渠道。总结来说，可以转化为以下三个问题：

> 对象：慢直播关注什么？

---

① 王军、纪欣蕊：《抗疫背景下慢直播的创新实践》，《中国广播电视学刊》2021年第1期。

② 孙海龙、唐瑞蔓：《媒介即存有：作为"后勤型媒介"的慢直播》，《现代视听》2021年第6期。

③ 刘国元、徐凤琴：《一种新的舆论监督模式："云监工"——基于武汉火神山、雷神山医院建设的慢直播研究》，《前沿》2020年第2期。

④ 程雅堃、刘远：《千万"云观看"背后：慢直播网民互动心理探析》，《现代视听》2020年第7期。

⑤ 李悦悦：《火神山医院"云监工"：慢直播的融合创新》，《传媒》2021年第2期。

⑥ 张丽、刘念：《自我阐释与期待视野：慢直播的叙事特征研究》，《中国新闻传播研究》2020年第4期。

> 内容：慢直播传播什么？

> 渠道：慢直播如何传播？

对这三个问题的回答，总体上构成我们对慢直播的基本认知，也是形成概念界定的基础。

首先，慢直播聚焦的对象，是人类社会客观世界中存在的自然客体。"客体"的概念，是建立在主体为基础的对象化过程中。慢直播呈现的对象，无论是何种性质的社会存在，都是在慢直播的"注视"之下，成为慢直播的对象化客体。"自然"是与人工、人为相对的，强调未经人的刻意雕饰，有其自在发生、发展过程的事物。因此，自然客体的指向范畴，既包括了自然生态、人文景观等，也包括了事物的存在和过程。

其次，慢直播的传播内容，是实时同步传输、无人为干预、以自然时空为背景的原态景观。所有的视觉传播内容，都以一定的画面为核心。对于画面的选择、调适构成视觉传播中的镜头语言、叙事框架，传播者正是通过这些技巧性传播要素来实现内涵表达、意义建构的。而慢直播则是减少甚至排除了这些因素在其中的作用，以同时空、全景别，尽量复现原态的方式呈现内容。之所以落于"景观"，则是因为——相比于其他视觉传播形态，慢直播已经是极尽所能地呈现原态，但是镜头和"凝视"的存在本身，已经使得这种原态由"自在自然"转化为"景观自然"。[①]

最后，慢直播的传播渠道，是基于网络的融合媒介。如前文所述，慢直播的发展历程经历了一个由实验性艺术作品到电视节目实践，再到如今真正意义上的慢直播的过程。网络技术，尤其是移动互联网技术的发展，是慢直播得以确立的物质基础。从"前慢直播"的慢传播形态到"慢直播"，其中的本质性差异即在于传播的媒介渠道不同。相比之下，慢直播更具融合属性和技术色彩，具有融合性和参与性强、延展性和连接性高、干扰度和信息密度低等特征，[②] 是网络技术环境中的融合传播形态。

---

① "媒介景观"的概念来源于法国学者居伊·波德的景观社会理论。在波德的论述中，人类社会已经进入景观时代，呈现视觉景观化的特征，进而"生活本身展现为景观的庞大堆聚。直接存在的一切全都转化为一个表象，并且在本质上景观不是影像的聚积，而是以影像为中介的人们之间的社会关系"。因而，媒介景观即社会存在的媒介化再现，不仅关于影像本身，同时事关观者如何去看。见居伊·波德：《景观社会》，王昭风译，南京大学出版社，2006，第3页。

② 殷乐：《见证、陪伴与建设：慢直播在重大突发事件中的角色解析》，《电视研究》2021年第1期。

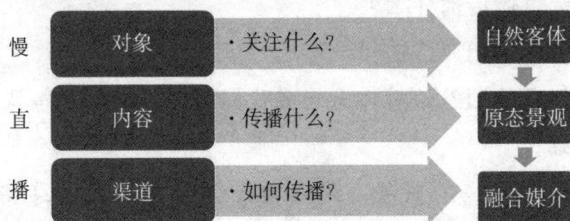

图 3 - 8　慢直播定义的三要素

综上所述，我们对慢直播做出如下定义：

慢直播是基于网络传输技术，以自然客体为对象，通过实时同步、无人为干预的方式呈现原态景观的融合传播形态。

三、慢直播相关概念辨析

在对慢直播做出本体界定之后，有必要也对慢直播相关的其他概念进行一番辨析，以进一步明确慢直播的外延边界。经过对相关研究文章、媒体评论等文献的系统梳理，我们发现包括监控、慢新闻、慢电视、新闻直播在内的一系列概念，是慢直播相关论述中较多出现的同等或近似概念。同时，从网络视听传播的实践层面出发，当前常见的快直播、短视频、真人秀等，在特定层面上都与慢直播有着一定的关联，因而在此我们也一并予以讨论辨析。

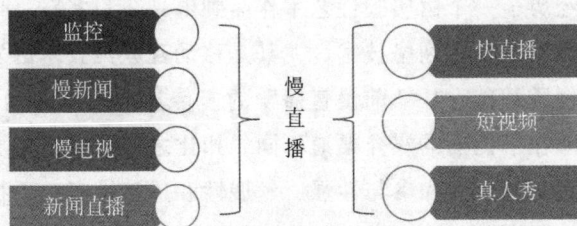

图 3 - 9　慢直播相关概念辨析

监控是现代社会安防系统中的应用之一，由前端和控制两部分组成。通过 24 小时不间断地拍摄记录，内容保存在硬盘中供人随时查看。慢直播可以调用监控作为采集素材的渠道来源之一，展示记录的真实性、及时性。同时，某一些公共议题下的慢直播，在一定程度上也可以起到实时监控的作用，起到社会监督的功能。二者的本质区别，在于监控通常是具有一定隐匿性的，只有在特殊情况下才会公开，而慢直播则是大众传播性质的公共传播产品。监控可以为慢直播提供内容素材，很多城市慢直播实际上就是将现有公共场所的监控画面接入直播平台，形成 24 小时不间断的城市慢直播。

慢新闻是新闻生产的一种理念范式，强调新闻生产的根本目的是构建公共议题的理性探讨空间，因而过程中对真实性和准确性的要求应高于时效性。慢新闻的"慢"，不仅指时间上的慢速，更指向新闻生产过程中投入的时间要更加充足。慢新闻理念呼吁重返调查新闻、价值新闻，提倡解释性报道、非虚构叙事、积极行动者报道。同为慢传播理念下的新概念，二者都强调内容的质大于量，强调传播的社会功能实现。差别在于，慢直播是直接面向受众的内容形态，慢新闻不是特定的内容形态，而是一种指导内容生产的专业主义系统框架。

慢电视是一种电视节目实践，多以文化景观为主题，通过电视频道播出。其相对于传统电视节目，主要突出"慢"的特征，强调内容的长时完整和节奏缓慢。可以说慢电视是慢直播的前身，在选题立意思路和内容表现手法上为慢直播提供了参照性。受限制于电视媒体有限的播出资源，慢电视面向的受众范围较小，一些相关节目的制作大多属于少数电视机构的创新实践。尽管，慢电视也引发了学界的一些讨论，但是并没有形成制作规模，传播效果也不甚乐观。慢电视和慢直播的区别，首先在于传播渠道，其次在于传播效应，进而在传受关系等层面都有进一步的差异。

新闻直播指的是以新闻事件为聚焦的直播类节目，通常包括现场直播和演播室直播两种类型。新闻直播具有突出的现场性和时效性，同时内容的主旨性和传播的目的性都非常强。新闻直播高度注重画面的调度，大量采用实景画面和幕后信源的配合。相比慢直播，二者同样是实时同步播出，但是慢直播更多是以固定视角呈现新闻事件的现场，较少或根本不使用画面语言和镜头技巧，而新闻直播则正好相反，场景的转换、镜头的调度，包括背景音画的使用等，都是新闻直播的常见方式。在新闻直播的大类别之下，慢直播可以作为新闻事件大型融合媒体报道的素材采集方式之一，为新闻直播以及后续的新闻报道提供现场素材。

快直播是与慢直播相对的概念，实则是慢直播产生之后才出现的新说法。在实践层面，快直播早于慢直播出现。相对于慢直播以慢为核心特点，传统的网络直播可以统称为快直播，包括秀场直播、游戏直播、电商直播等。快直播的主要特点是时长特定、节奏鲜明，往往有明确的主题，以主播为核心要素。快直播可以提高人们感知世界的速度，而缺点则在于缺乏了解世界的深度。快慢两种直播，在传播目的、传播内容、受众行为上都有着显著差异。快直播注重传播效率，意义和效果立时即现。慢直播则不关注传播效率，强调全时全景、过程的完整性和事件的全貌。在一定程度上，二者可以形成互补。

短视频是网络视听的主要内容形态，时长通常在几秒到几分钟之间（主要是 5 分钟以内），主要依托于移动智能终端实现快速拍摄和美化编辑、动态剪辑，经由社交媒体平台传播分享和信息交流。由于篇幅较短，短视频既可独立成片，也可系列成组。短视频的生产者以 UGC 的用户自生产为主，也有 PGC 主体的参与。短视频具有突出的平台属性和社交属性，内容的叙事性较强，具有明确的传播主旨，以"短"为核心特色，具有传播快速、叙事碎片、快餐文化的特点。与慢直播相比，二者同为网络视频的内容类型，但是又存在明显差异，短视频强调选择与建构，慢直播强调记录与呈现。

真人秀是电视传播时代的重要节目形态，其概念源自英文 Reality Show。其中，Reality 指真实，Show 则是表演。这个概念本身就包含着两方面意义：一方面真人秀具有纪实性质的真实，另一方面也有着艺术性创作的虚构，真人秀就是真实与虚构交融的产物。在真人秀中，"真实"指对象的选择、主题的设置，而"秀"才是真人秀的核心，即虚构表演性是真人秀的本质属性。真人秀往往具有规则性和娱乐性的特点，用规则来设定框架，以场景来设置情境，内容突出故事性、情节性和冲突性，调动感官，诉诸情绪。与慢直播相比，二者同样是以旁观视角记录过程性事件，但是慢直播更注重真实地、全面地记录，而真人秀的本质是虚构表演性的秀。近来，有不少真人秀采用慢直播作为取材和宣传的辅助手段。反过来说，有些用户自制的慢直播具有一定的真人秀色彩。如哔哩哔哩中开设的网络自习室，核心目的不是传播意义上的展示和观看，而更倾向于社交属性的共时陪伴。

第三节　何谓慢直播？（特点）

著名传播学者麦克卢汉曾指出，媒介即讯息，"任何媒介（即人的任何延伸）对个人和社会的任何影响，都是由于新的尺度产生的。"[①] 所有的新

---

① 马歇尔·麦克卢汉：《理解媒介：论人的延伸》，何道宽译，译林出版社，2019，第 18 页。

媒介，都在一定程度上延伸了我们的感观，并且通过"引进新的尺度"影响我们对世界的认知。那么，作为一种新的媒介，慢直播具有什么样的特点？又为我们带来了什么样的传播体验？

在对慢直播做出学术界定时，我们提出了慢直播的三个要素——对象（慢直播聚焦的议题范畴）、内容（慢直播呈现的内容特性）和渠道（慢直播传播所依托的媒介渠道）。其中，渠道是传播过程实现的重要环节，使得传播内容得以抵达受众并最终实现传播效果。对于慢直播的特点，我们依然要回到这三个要素上。以三个要素为基准，我们可以发现慢直播具有以下九个突出特点。

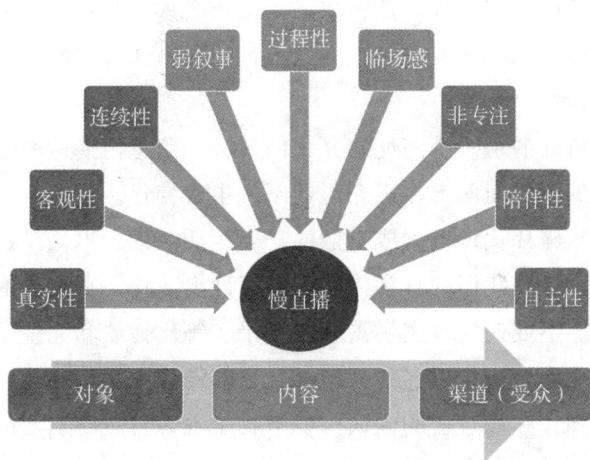

图 3-10　慢直播的九大特点

一、慢直播的对象特点

在现有的慢直播传播实践中，聚焦的对象既有自然生态、人文景观，也有新闻事件、主题活动等，议题范畴比较广泛，但是在实质上又具有一定的同质性特点，主要体现在真实性和客观性上。同时，作为慢直播所聚焦的对象，本身必须具备一定的时间维度，慢直播对于对象的呈现突出具有连续性。

（一）真实性

真相的呈现是后真相时代人们的终极追求。慢直播的叙事方式是长镜头流水账式的纪实，画面是真实且不予加工的，全程无剪辑、无解说，只靠近景、全景等景别的切换来呈现现场的实时场景。通过慢直播，可以充分展示事物的变化过程和实时细节，强烈体现原生态的风格。这种方式体现了时间和空间的真实性，受众在观看慢直播的过程中，能够随时了解事物的发展流程和实时细节，具有事件自我变化和自我阐释的特点，有助于连接事实与逻辑，最大限度地逼近真实。

（二）客观性

网络直播中，主播作为绝对权威人物主导着话题议程的设置乃至整个直播议程的走向，同时还会对直播节目中的一些信息予以解释说明。而慢直播则去掉了常态直播中的目的性和个性化，没有主播、没有剪辑、没有台词、没有主观引导，主要通过架设固定机位、现场白噪声的形式，实现超时长、无剪辑、不间断的内容呈现。这种方式不掺杂个人主观意识，以旁观者视角提供一种观察事物原貌和发展过程的方式，凸显不涉其中的客观性。

（三）连续性

我们当前所处的是一个高度媒介化的社会，信息传播速率不断提升的同时，社会生活的方方面面都在媒介形塑下发生着变化。快速高效的媒介带来碎片化的传播，碎片化传播构成离散的社会生活图景。不论是媒介传播信息还是社会生活图景，我们的日常体验已经高度离散化。在这样的洪流下，慢直播以非剪切、不变速的现实场景实时记录、等比播放和完整呈现，强调传播的不间断性，保证视频内容的完整性、整体性，去塑造和建构起受众对存在的连续性感知。在慢直播的画面中，事物呈现为自然时空下的连续性，即具有发生、发展或长期存在的过程。这种连续性集中体现为：存在的连续性、视觉的连续性、体验的连续性。

二、慢直播的内容特点

在网络传播时代，受众需求日益升级，对视觉传播内容的要求越来越高，传播内容的制作水准和技巧方法也越来越复杂精细。而对于慢直播来说，虽然它对于采集、传输等环节的基础设施、技术水准要求都很高，但是在内容层面是一种近乎"零制作"或者说是做减法的制作。慢直播呈现出来的内容，具有弱叙事、过程性和临场感的特点。

（一）弱叙事

叙事指通过语言或其他媒介来再现发生在特定时间和空间的事件，简而言之就是"讲故事"。美国传播学者华尔特·菲希尔认为："所有形式的人类理性的基础基本上都是叙述。因此，所有形式的信息传播都可以当作叙述来理解。"① 在他看来，所有的传播在本质上都是一种叙事。然而，慢直播的内容形态是反其道而行，内容的组织不以"故事"为核心，不采用任何讲述技巧，甚至不去讲述任何故事。因此，慢直播也被称为"无内容"的传播，或者说是开放叙事，即可由受众在接收端赋予内容特定的叙事，并予以意义解读。

（二）过程性

慢直播的过程性特点，集中体现在受众的自发性和内容的随机性。从内容来说，慢直播的内容没有主题设置，不用技巧，不加剪辑。过程本身成为传播内容的核心，传播时序遵从过程的自然时序，传播的意义也在过程中聚合形成。而从受众视角来看，观看和互动成为过程的一部分，并且会直接影响到内容的生成。过程性的传播内容，凸显不可预期的"未知感"，通过受众的"围观"和讨论的过程来实现意义建构。

（三）临场感

现代传播技术的演进，实质上都是在不断推进临场感的实现。通过对显示器的不断扩大和弧线制作，以及后续 VR 技术的发明和不断升级，实质上都在增强临场感。从视觉到感官再到具身，传播技术的不断升级最终都指向了临场感的营建。在慢直播中，受众充分知晓此情此景正在特定空间"与我同时"，因而能够与内容之间产生很强的同步效应。正因如此，慢直播受众往往对内容传播的清晰度、流畅度、声画同步等有较高的要求。在传播质量高效提升的前提下，受众能够身临其境进而感同身受。

三、慢直播的受众特点

慢直播首先是一种直接面向受众的传播内容形态，"一种节目形态的产生与发展的原因在于它满足了人们的某种需要，并且具有不可替代性。"② 从受众的接受角度来看，慢直播具有非专注、陪伴性和自主性的特点。

（一）非专注

在受众的主动性得到充分释放的网络传播时代，传播背后的根本动力在于注意力的流动。在不同传播方式当中，文字相对来说对注意力的要求最高，视觉传播次之，听觉传播居末。正因如此，广播电视等视听传媒被认为

---

① 斯蒂文·小约翰：《传播理论》，陈德民等译，中国社会科学出版社，1999，第 305 页。

② 朱羽君：《对电视的生命感悟：朱羽君自选集》，北京广播学院出版社，2004，第 187 页。

具有很强的伴随性，即受众可以在传播内容消费的同时进行其他活动。慢直播也是如此，一方面源于慢直播内容自身对于受众的注意力要求不高，受众并不需要全神贯注，可以选择分散注意力同时做别的事情；另一方面受众可以在做其他活动的同时接触慢直播的传播媒介、接收慢直播的原态信息，非专注的伴随性特点非常突出。

（二）陪伴性

与上述"非专注"特点相关的伴随性指的是时空上的重叠，而陪伴性指的是心理需求层面上的一种情感满足。根据此前针对泛网络直播受众展开的调研，用户参与直播的主要动机就是分享生活和寻求陪伴。慢直播在有限的镜头调度之下，呈现直播对象和直播场景的自然状态，通过画面的呈现构成对自然生活的分享，而屏幕前的受众与画面中的主体之间通过"共此时"的虚拟在场，以及与其他受众之间通过弹幕互动建构"同此心"的情感联结，形成了拟态陪伴的身份关系和情感群体。

（三）自主性

慢直播提供了一个"场"，营造了一种轻松的气氛，提供了一个自由的话语空间。用户因为对不同类型主题的慢直播感兴趣而入"场"，在评论区分享相同或相异的情绪和情感体验，给用户塑造了强交互感。"在这种更加贴近于真实场景的直播场域中，可以更加专注、真实地去体验慢直播建构的文化空间，更加主动、自主选择式地去解读影像的文化意义。"① 没有主导性的叙事框架，用户也可以充分按自己的理解和意图"玩起来"，参与到慢直播的延伸传播当中，彰显积极自主的主体性身份。

另外，在"直播"样态的统领下，慢直播与常规类型的直播样态相比，也具有自己的突出特点。首先是直播的目的性大大减弱，不以特定目的为前提展开，仅仅在于"呈现"对象；在慢直播中也没有明显的权力主导，既没有特定叙事、话语结构的隐性权威，也没有主持、导播等显性权威，还原为自然权威的本原进程；其间也不存在剪辑、调度等人为干预，凸显非剪辑和弱制作的特点；对于受众来说，慢直播没有明确的时空限定性（特定时间打开，特定场合观看），也无须特定的行为反馈（如投票、购买等），传受关系可以还原于"观看"本身，而观看的意义往往是公益性的而非商业性的。

---

① 郑玄：《从"慢直播"看中国视听媒体融合发展的业态创新》，《现代视听》2021 年第 4 期。

第四节 慢直播何为？（意义）

明确了慢直播的概念，厘清了慢直播的特点，我们对于慢直播这种创新的传播形态，已经建立起了基本的认知体系。任何一种新媒介的诞生，都会在各个层面上给人类社会带来新的变化，慢直播也是如此。那么，慢直播会在哪些层面为我们带来什么样的改变？下面我们将分层次展开论说，首先探讨慢直播在技术层面的可能性空间，然后进一步分析其社会功能的持续性扩散。

一、慢直播的技术前景

由于慢直播的内容和意义是在直播过程中逐步建构起来的，相比于其他视听产品，通过新技术为慢直播内容形式赋能是成功的关键，要使其具备更为丰富的视觉类型及传播内容，为用户带来高清/超高清、自由视角、极清缩放、全景视角、AR增强现实、VR沉浸式等视听体验，给用户提供属于自己的专属观看领域。其中，5G技术无疑是推动直播全面升级的核心技术动力，带来的"将是一种由量变到质变的转化，更是一种从低纬度到高纬度的全面升级"[①]。

表 3 - 1 1G—5G 时代的直播形态

代际	速度	内容	成本	直播方式	代表应用	形态特点
1G	慢	少	高	声波	电话聊天	线性静态
2G	较慢	较少	较高	文字	BBS论坛	平面静态
3G	一般	一般	一般	图片	贴吧社区	立体静态
4G	较快	较多	较低	短视频	视频平台	立体动态
5G	很快	很多	很低	长视频	直播平台	交互动态

（表格来源：张新阳：《5G直播：从量到质的维度质变》，《青年记者》2019年第8期）

在当下及至未来的技术延展路径中，慢直播可以与多种前沿技术结合——"5G＋4K"慢直播可以支持超高清4K画质摄制与直播，实现高清晰观看，实现画面极致体验；"5G＋VR"慢直播能够实现360度画面摄制直播，提供用户沉浸式观看体验，使用户身临其境，打破空间的限制；"5G＋无人机"慢直播可以通过连接无人机来增加拍摄角度，实现用户全景化和动态化视角，等等。

---

① 张新阳：《5G直播：从量到质的维度质变》，《青年记者》2019年第8期。

（一）"5G＋4K/8K"慢直播

在5G来临之前，大型视频直播通常需要使用线缆将摄像机与转播车相连，再通过卫星或网络专线传输节目信号，这一过程中摄像机机位、信号传输等方面均受到诸多限制。5G网络高带宽、低时延等特点能够充分保证信号传输的稳定性，使视频直播采用"5G＋4K/8K"技术标准成为可能，成功解决了传统视频直播中遇到的上述问题。在慢直播场景下，图像清晰细腻、画面连贯流畅、色彩饱和逼真、压缩损伤大幅降低，受众能够获得前所未有的感官体验。

（二）"5G＋VR/AR"慢直播

虚拟/增强现实（VR/AR）技术是新一代信息通信技术的关键领域，主要应用于沉浸体验与内容交互等特定场景与领域之中。在5G来临之前，VR/AR技术及终端设备虽然经过多次迭代，但用户视觉体验效果仍然难以令人满意。5G网络高带宽、低时延的特性将改变这种现状，彻底消除用户视觉眩晕感。其中，"5G＋VR"强调通过隔绝式的音视频内容为受众带来360度、720度全景沉浸式体验，"5G＋AR"则强调通过虚拟内容与现实环境的"无缝"融合为受众带来强交互体验。在慢直播领域，通过"5G＋VR/AR"技术的运用，受众不再仅仅作为旁观者被动接受信息，而是能够沉浸式地亲身参与到整个直播活动中，体验整个过程。

（三）"5G＋全息影像"慢直播

"5G＋全息影像"能够跨越时空限制，将远在千里之外的被拍摄对象以三维影像的形式呈现出来，其生动的形象仿佛被拍摄对象就在受众身边，并且能够与受众进行远程实时互动。随着技术条件的成熟，早期出现在科幻影视作品中的场景正在逐渐变为现实，通过"5G＋全息影像"慢直播，受众可以从不同的角度不受限制地观察三维影像，甚至进入影像内部。

（四）"5G＋AI识别"慢直播

"5G＋AI识别"能够让硬件终端将实时采集的视频流中的目标对象（如人体、动物、物体等）传送至云端进行识别、比对、存储、传输，无须任何等待时间，可进行实时反馈。前端采集的不再仅仅是单张图片，而是包含更多场景化信息的视频内容。在早期人脸识别、人体识别、物体识别、证件识别等个体识别范畴的基础上，"5G＋AI识别"能够进行更加复杂的以视频为载体的基于场景的身份认证与信息捕捉。

（五）"5G＋无人机"慢直播

随着未来5G技术的发展，无人机可以利用5G的高速度、低功耗、低时延等特性，解决远程控制和远程监控受限、图像和视频流回传延迟等问题，能够实现以每秒 1Gbps 以上的速度传送数据，其峰值传输速度比 4G 网络传输速度快数十倍，实现网络速度和质量的跨越式提升，实现超清晰、超流畅的视频直播画面。同时，还可以利用边缘计算技术筛选过滤有效数据，剔除重复和无效数据，提高工作效率。在慢直播场景下，也能在进行多无人机机位镜头快速切换的同时，给受众带来更为广阔的空间感和动态感体验。

当前，慢直播仍处于蓄力勃发的阶段。央视频等视听传播旗舰平台已经在技术应用方面做出了开创性的工作，基于"5G＋光纤双千兆"网络、传感器、全景摄像头及无人机等技术应用而推出的一系列慢直播产品，全方位延展了受众的感知体验与时空认知。未来需要进一步加强慢直播对媒介技术的创新应用，延伸功能定位和内容开发，开拓更为多元的场景应用，促进其与相关产业的融合发展，进一步推动融合传播的结构化、体系化深层次发展。

二、慢直播的社会功能

"当网线被隐藏在空气中，有形之线化为无形之网，使人用之而浑然不觉，生活则被这种数字化彻底改变。"[①] 在网络技术进一步发展的前提下，直播的技术应用和场景适配也将越来越广泛，充分释放受众的在线和连接需求。5G 的高速率低损耗传输、AI 的沉浸式体验、4K/8K 的高清细节等，都为慢直播的内容质量和用户体验带来了大幅的提升。作为新技术的社会化运用和规模化扩张，慢直播在充分利用网络媒介特性的基础上，达到传播价值最大化，为我们的社会生活带来诸多变化，以及更深层次的功能和意义。

在探讨媒介的社会功能时，英国著名传播学家丹尼斯·麦奎尔指出，大众媒介在广泛的社会过程中开展社会传播活动，提供的是一种中介的角色，起到的是中介社会关系的作用。[②] 在他看来，大众媒介的中介作用表现在两个过程中：第一，大众媒介成为人们与他们无法亲身体验、亲眼观察的事物间情况的中介；第二，社会组织处于自我的目的与其他社会组织之间，或者社会组织与他们的传播对象之间，构成中介的关系传递。麦奎尔又进一步将媒介的中介角色归纳为六种类型——窗口、镜子、过滤、路标、论坛、伙伴。

---

① 张新阳：《5G 直播：从量到质的维度质变》，《青年记者》2019 年第 8 期。
② 丹尼斯·麦奎尔：《麦奎尔大众传播理论》，崔保国、李琨译，清华大学出版社，2006，第 54—55 页。

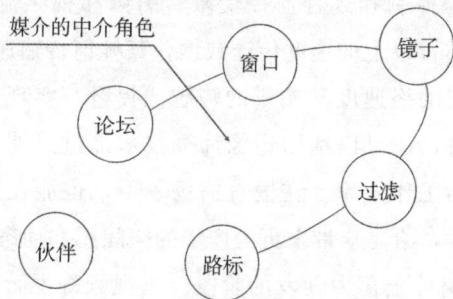

图 3 - 11　媒介的中介作用

（图片来源：张宁：《媒介社会学》，中山大学出版社，2019）

其中，窗口角色犹如人们观察外部世界的窗口，不停地给人们提供各种信息；镜子角色暗示媒介可以真实、客观、公正地反映现实社会的百态；过滤角色指出媒介不但通过信息筛选形成特定的信息，传播的同时也忽略了媒介认为没有传播价值的其他信息；路标角色指明媒介的报道对公共娱乐和人们对社会现实的认识有导航作用；论坛角色说明媒介的报道可以提供多种意见，供人们进行选择和反馈；最后，伙伴角色是指媒介不但要为公众提供信息，同时也负责为公众解疑。[①]

而据日本传播学家竹内郁郎的观点，大众媒介的传播活动对于人类社会的作用主要表现在六个方面——社会体系调整、确认社会状况、促进政策决定、促成社会组织、化解社会紧张、维持传统文化。[②]

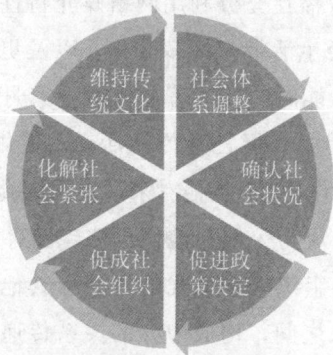

图 3 - 12　竹内郁郎的大众媒介六大社会功能

---

① 张宁：《媒介社会学》，中山大学出版社，2019，第 29 页。
② 张宁：《媒介社会学》，中山大学出版社，2019，第 38—42 页。

可以看到，麦奎尔的论述以社会关系为核心，将大众媒介视作人与外部世界建立关系的中介系统；而竹内郁郎的观点，则是从社会系统论出发，强调大众传播媒介对于社会体系和内部组织的作用。对于大众传媒的社会角色、社会功能的探讨，同样适用于我们对慢直播的认识。在此基础上，慢直播作为一种建立在全新传播技术基础之上的创新传播样态，它所具有的社会功能又有其自身的特点。

对慢直播的社会功能的认识，可以从四个层次展开：首先是慢直播作为一种传播形态本身在信息内容层面的影响，其次是慢直播对于所在传播生态带来的改变，再次是慢直播对受众群体产生的影响，最后是慢直播对于更为广泛范畴上的社会文化具有的影响。

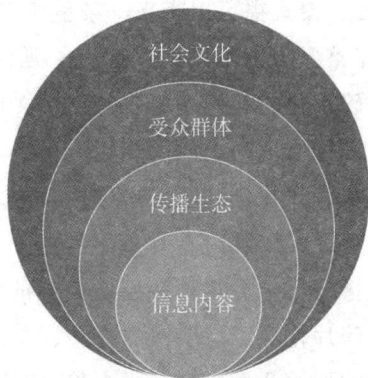

图 3-13 慢直播社会功能的四个层次

（一）信息内容层面，慢直播能够提供新的信息公开路径、公共舆论空间

慢直播是一种具有高度的真实性、客观性和连续性的融合传播形态，所呈现的内容能够高度还原事实的本来样貌。因此，慢直播适用于公共信息的发布和传播，当前已经在突发事件、重大新闻等领域有了广泛的场景应用。2021年5月18日，深圳市赛格大厦出现异常晃动引发关注。总台央视新闻、《人民日报》新媒体等纷纷第一时间开设慢直播，通过长时间定点视角对大楼现场情况进行实况呈现。直观、真实的慢直播画面，让全国各地的网络用户都能第一时间了解到现场情况。在原因尚不明确的事件发生初期，第一时间公开事实信息、公布事件处置进程具有突出的重要性。慢直播的应用打破了时效限制，实时的信息进程不仅实现了最为高效的信息公开，还充分填充了事件进程中的大量信息需求，没有给谣言任何形成与流出的时机和空

间。同时在慢直播的平台上，众多网友的群策群力、信息交换、观点交流，达到了实时交互的民心沟通，对于凝聚社会共识、汇聚公共舆论起到了重要的导流作用。

需要特别注意的是，慢直播的信息功能是附属性的。因为慢直播以"慢"为核心的传播特性，可以为信息公开提供完整的事实全貌，也可以为公共舆论的形成提供充分的交互空间。但是就信息传播的根本诉求来说，慢直播并不是信息传播最有效的途径。信息弥漫在慢直播的过程当中，需要受众具备较高的信息素养才能很好地掌握关键信息。因此，慢直播的信息功能通常是附属性的，往往是和快新闻、快发布等信息传播形式配合，以达到更好的传播效果。

（二）传播生态层面，慢直播可以带来一条重建完整性的新路径

"碎片化"本意是完整事物分割成诸多部分，延伸到人类社会生活的相关研究中，呈现为一种碎片化的整体趋势。有社会文化领域学者指出，碎片化实则是后现代文化的一种体现。正如后现代主义学者詹姆逊指出，后现代文化的首要特征是零散化、碎片化、缺乏连贯性，给人一种拼贴感。与此相应的是情感和历史感的消失，以及内在和外在、本质与现象、隐义与显义、真实性与非真实性、能指与所指等几种深层次模式的消失。[①] 作为后现代文化的一种肌理性变化，碎片化源于深层次的社会、文化变化，而在进入传播生态中以一种显像表征的形式凸显出来，成为移动互联网传播时代最为显著的传播特征。

所谓"碎片化传播"，是指"在信息生产、分发等各环节体现出碎片化特征的传播状态，以内容篇幅短小、实时信息流为特点的信息传播活动"。[②] 有学者指出，从印刷媒介到电子媒介到数字媒介，每一次新技术出现，都使信息的传播方式呈加速度发散状态传播，到达终端的往往是些信息碎片。[③] 而传播的碎片化，不仅仅在于信息层面，从传播的内容到传播的方式都高度碎片化，进而使得受众对传播的感知也高度碎片化。微传播场景下的碎片化传播，带来了失真、浅层、不复完整，在感知层面上凸显完整的缺失、整体

---

① 陈莉：《碎片化与意识形态批评——詹姆逊后现代文化批评研究》，《阜阳师范学院学报》（社会科学版）2007 年第 2 期。

② 江婷：《碎片化：观察新媒体传播特性的窗口》，《新闻传播》2022 年第 7 期。

③ 易钟林：《新媒介技术过程中的信息碎片化》，《现代传播》（中国传媒大学学报）2004 年第 9 期。

的消逝。而慢直播的传播形态，提供的是一种超越了碎片或整体的原态，以传播的存在为先验条件，事实在自然时空中随机展开，进而得以在传播内容、传播方式及传播感知的层面重构完整性。

（三）受众群体层面，慢直播可以重塑审美期待、提供情绪舒缓

知名美学思想家卢茨·科普尼克在《慢下来：走向当代美学》一书中写道："慢速审美的目的在于，将运动的现代性从穿越空间与消除距离的狭隘概念中解放出来，并以此种方式将主体的感觉放置到当下的经验景观中，这更为广泛且在时间上产生多重意义。"① 这种被解放了的现代性运动概念正是慢速审美的核心——慢速现代性。"慢"作为形容词无论运用在慢速审美还是慢直播中，其代表的含义都不是一种与现代传播加速度相悖的对过去缓慢运行的死守，而是在审美过程中放弃有意的起始动作和预期的反馈动作，建立一个自由的、具有流动性的沟通互联场域，寻找审美主体当下的经验与经验景观的平衡，可以让主体感官回归到叠合过去与未来的同时性所构成的当下。② 慢直播传播中，镜头呈现的自然态场景，通过评论区实时交互建立了具有瞬时流动性的沟通互联场域。在此条件下所孕育的叠合时间经验，引导受众收获了区别于"速度美学"的渗透着节目创作者个人情感、精神指向的审美经验。③

与此同时，在传播不断加速的技术与社会背景下，受众注意力耗竭，对于慢节奏和"治愈系"的渴求越来越突出。追求快速和刺激的视听消费趋势给受众造成了疲惫感、孤独感，失速的状态也在不断削弱参与感，导致社会整体被日益原子化。而慢直播的兴起，恰恰将那些被割裂和分离的个体重新集结在一起，给大众提供了全员互动、全员参与和全场陪同的生活化社交体验。这种沉浸式的集体文化消费体验让大众感到亲切、新颖而充满归属感，得到心理和情绪的舒缓。

（四）社会文化层面，慢直播可以延伸社会交往、强化社会凝聚

传播学者戈德曾说："传播，即变独有为共有的过程。"④ 这一观点突出了传播的共享特征，通过信息的交流，可以使参与各方的信息都成倍增加。

---

① 卢茨·科普尼克：《慢下来：走向当代美学》，石甜、王大桥译，东方出版中心，2020，第21页。

② 孙嘉谣：《感官的回归：浅谈慢速美学视角下的慢直播》，《新媒体观察》2021年第23期。

③ 王大桥、刘晨：《慢速经验与当代美学的问题转换》，《文艺争鸣》2020年第4期。

④ 胡正荣：《传播学总论》，北京广播学院出版社，1997，第61页。

社会学家库利则指出，"传播是人与人关系赖以成立的基础，它包括一切精神象征，以及在空间上得以传递，在时间上得以保存的手段。"① 也就是说，传播发生于人类社会之中，形成社会交往，建构社会关系。在这个意义上说，传播是一种信息活动，更是一种社会交往。对此，有学者明确指出，"在技术形态与内容越来越融合的今天，直播不只是一种媒体形态，更是一种社交形式，泛在直播具有沉浸社交功能。"② 而作为一种将直播特性发挥到极致的传播形态，慢直播凭借互联网直播平台意见实时互动、情感节点化并发生聚集的特点，构成一个虚拟场域下共享"此时此刻"与"此情此景"的交往空间，实现了共情基础上的情感交汇、精神交往。

在共情交往的基础上，慢直播更是提供了一个共意空间。根据詹姆斯·凯瑞的观点，"传播并非只指信息在空中的扩散，而是指在时间上对社会的维系；不是指传达信息的行为，而是共享信仰的表征。"③ 慢直播的传播过程，是由自然时空的对象呈现和虚拟空间的实时交互共同构成的。基于实时传输的动态画面，慢直播"在动态的客观现场中，营造出了一种短暂心理一致性的交流语境"，通过"建立在被动性画面基础上的主动需求激发了网友对慢直播画面的情绪与情感，并通过评论呈现出来"，④ 进而构建并维系了一个有秩序的、有意义的、能够用来承载和容纳情感和态度的文化世界。通过慢直播在云空间实时参与到重大事件、公共议题的进程当中，广大公众通过互动交流构成的公共话语空间，建构集体记忆，形成情感交流、观点汇集、共识认同，推动社会凝聚的进一步强化。

---

① 郭庆光：《传播学教程》（第二版），中国人民大学出版社，2011，第2页。
② 李沁：《沉浸媒介：重新定义媒介概念的内涵和外延》，《国际新闻界》2017年第8期。
③ 詹姆斯·凯瑞：《作为文化的传播："媒介与社会"论文集（修订版）》，丁未译，中国人民大学出版社，2019，第18页。
④ 程雅墼、刘远：《千万"云观看"背后：慢直播网民互动心理探析》，《现代视听》2020年第7期。

第四章 作为传播内容的慢直播

　　无论何种形式、何种形态的传播，核心始终都是内容。内容是传播的基础，任何传播的技术、媒介、手段，都是为内容服务，且以内容到达受众，并对受众产生符合或接近预期的影响为最终实现。作为一种新型的融合传播形态，慢直播首先是一种内容，通过聚焦传播对象，呈现传播内容，得以实现传播的社会功能、社会影响。从慢直播作为一种传播形态的真正确立逐步发展到今天，慢直播的传播实践已经日渐丰富，具体的传播内容和传播方式遍地开花，覆盖的主题领域和传播场景可谓蔚为大观。具体说来，我们将以几个案例来阐释作为传播内容的慢直播当前的发展情况。其中，尤其以在国内首开慢直播先河，并且始终引领慢直播发展前沿的熊猫频道为最核心的案例，以此说明慢直播在形态发展、传播内容和运营模式等领域的情况和特点。

第一节 首开先河——熊猫频道

　　在上文对慢直播发展历程的梳理中，我们已经提及熊猫频道的创立和发展。可以说，无论是在中国还是全球范围内的传播媒介视域中，熊猫频道都可谓是真正意义上将慢直播确立起来的首创者。熊猫频道之前，有些传播机构有过零散的类慢直播的传播实践，但大多是短期、临时的主题性传播行为，甚至是实验性、非公开的内容性质。而熊猫频道则是国内外第一家将7×24小时全方位全时段慢直播作为核心传播的融合传媒机构。自2013年上线以来，熊猫频道以慢直播为核心，在此基础上不断拓展以短视频为主体的内容产品，目前已经形成了一个"慢直播＋短视频＋多种融合传播"为一体的融合传播创新形态，形成的传播效应已经远超内容本身。

一、发展历程

熊猫频道于 2013 年 8 月正式上线，开播首月独立访问用户数（UV）即突破 160 万人次，覆盖五大洲共计 195 个国家和地区。频道社区注册用户数超过 1 万，用户发布内容 3200 多篇，直播页评论超过 7.6 万条。一经发布，熊猫频道就在国内外 36 家社交网站上形成热议，获得绝大多数网友的普遍好评。同时也得到业界的广泛认可，英国广播公司的知名网络新闻栏目 *Webscape* 将熊猫频道评为当周最佳网站之一，美国有线新闻网将熊猫频道列为重点推荐，彭博社也针对熊猫频道引起的舆论热潮发表评论文章《这只懒熊猫就是中国的扎克伯格吗》。

图 4-1　彭博社评论熊猫频道引发热议

（图片来源：彭博社网站）①

与此同时，熊猫频道的发布更是得到了生态保护机构、国际组织的高度认可。世界自然基金会（WWF）全球总干事詹姆斯·利普（James P. Leape）对熊猫频道的创办表达了祝贺之意，并明确表示："我们都知道熊猫是唤醒人们保护自然最有力的大使，中央电视台专门开通新媒体平台来展示熊猫这种神奇的生物，实在是太棒了。我希望熊猫频道的开通能够激发人

---

① Adam Minter：*Is This Lazy Panda China's Zuckerberg? Bloomberg*，2013 年 8 月 7 日，https:// www. bloomberg. com/view/articles/2013－08－07/is-this-lazy-panda-china-s-zuckerberg-，访问时间：2023 年 5 月 25 日。

们保护大熊猫和保护美好大自然的热情。"世界著名动物学家、国际野生动物保护学会（WCS）科学与探险部副主席夏勒博士表示："需要有一个频道向人们讲述大自然的情况，并且提醒人们，大自然与人类息息相关，人类应该有所行动。很高兴看到你们有这样的想法，我很期待熊猫频道的精彩内容。"包括美国有线电视新闻网、英国广播公司和《华尔街日报》《时代周刊》《今日美国》《国际财经时报》《印度时报》等境外主流媒体纷纷报道中国推出慢直播媒体熊猫频道，称高清画面让熊猫爱好者可以在任何时间、任何地点通过网络近距离观看大熊猫。海外网友热烈反响、积极互动，评论主要集中在以下三方面：一是表达对大熊猫的喜爱，"迷上了大熊猫直播，每天都要来看看有没有新故事"；二是肯定"熊猫频道"高清直播、社区互动和资讯平台等功能，"非常喜欢熊猫频道，谢谢你们通过高清摄像头展示了地球上另一区域的熊猫天使""提供了很多熊猫资讯，意义重大"；三是表示更加关注中国，"这个频道让我对中国更感兴趣"。短短半年之后，到 2014 年 2 月，熊猫频道海外独立访问用户数（UV）已累计突破 500 万人次，影响力遍及五大洲 210 个国家和地区，互动社区注册用户数达 1.7 万多，直播评论超过 50 万条。[①]

图 4 - 2　熊猫频道 iPanda 标识

（图片来源：熊猫频道 iPanda 官方网站）

2014 年 8 月 16 日，由央视网和国际著名动物保护类公益组织 GPFIN（大熊猫国际友人）合作创办的熊猫频道德语版正式上线，熊猫频道开始对德语国家和地区提供有针对性的服务。此次合作标志着熊猫频道真正成为境外主流受众喜爱并愿意主动接受的产品，成为中央电视台国际传播在渠道拓展方面的模式创新之举，它标志着熊猫频道的内容从"送出去"到被"要出去"，从推送给受众到受众主动获取，说明产品真正满足了国际受众的需求。熊猫频道德语版的受众主要针对德国、奥地利、瑞士等欧洲发达地区的人

---

① 人民网：《第二十四届中国新闻奖网络新闻作品初评结果公示——［央视网］熊猫频道》，2014 年 5 月 26 日，http://media.people.com.cn/n/2014/0526/c384276 - 25066415.html，访问时间：2023 年 5 月 25 日。

群，与当地机构合作能大大利用其现有的影响力，在推广方面也可充分利用本地化优势。以此为契机，熊猫频道在大熊猫"星徽""好好"启程飞赴比利时等涉外报道方面充分发挥自身优势，营造良好的舆论环境，获得了非常好的传播效果。

2015 年初，熊猫频道开始从内容、结构再到技术设备全面升级，新版英文网站 http：//en.iPanda.com/及新版中文互动社区正式发布，为海内外网友提供了更为便捷的社交、分享服务。至此，熊猫频道已成为全球最大的野生动物直播网站，网友遍布全球 200 多个国家和地区。当年 3 月初，熊猫频道与国际著名公益机构世界自然基金会德国方（WWF Germany）积极推进合作，在其官网熊猫专题页（http：//www.wwf.de/pandas-in-berlin/）上推出 24 小时直播节目。此次合作由德国方面主动提出，希望将熊猫频道推荐给欧洲观众，通过生动形象的方式面向欧洲地区宣传大熊猫保护工作。这次合作不仅是中国对外传播开展国际合作的升级，还进一步巩固和扩大了熊猫频道德语版的传播效果。由此，熊猫频道真正走出了中国，实现了在境外落地。同时，熊猫频道在内容上进一步扩容，与中国保护大熊猫研究中心合作，在都江堰基地、核桃坪基地及卧龙自然保护区野外监测点布设慢直播镜头。至此，熊猫频道与成都、卧龙两大熊猫保育机构都建立了合作，通过近百路摄像头，为全球网友提供全方位的熊猫慢直播，随时随地分享国宝的生活点滴。不仅首次对大熊猫栖息地生态环境和圈养大熊猫整体进行直播，还将镜头直接对准了熊猫界赫赫有名的大明星。除了熊猫日常生活直播外，还增加了更多的事件性直播内容。4 月 3 日，熊猫频道全球首次播出罕见的圈养大熊猫"喜妹"和"林冰"自然交配的实况，揭秘"熊猫繁育"的过程，超过 100 家海外媒体使用英语、西班牙语、法语等多种语言进一步传播。美国有线电视新闻网主持人安德森·库珀（Anderson Cooper）在播报相关新闻时发出呼吁："大熊猫作为一个珍稀物种值得我们关注，人类更应该从生态视角来看待他们的繁育交配，这一切都是以大自然为名。"

2016 年初，熊猫频道 PC 端又推出全新一轮改版，重点丰富了熊猫频道的文化内涵，增强熊猫内容与传统文化的主题联动。同时，原创视频节目进一步常态化、多样化，形成了由《精彩一刻》《熊猫那些事儿》《瞧你内熊样》《熊猫百科全说》《百问百答》等栏目组成的原创视频节目矩阵。丰富多样的节目类型集搞笑幽默、知识科普多种功能为一体，满足了不同需求受众的收视体验。同年 3 月，熊猫频道的移动客户端全新上线，中文版客户端正式登陆苹果和安卓等 14 个手机应用市场，海外品牌影响力持续提升。在第一季度改版上线的基础上，熊猫频道后续又进一步推进功能建设，对 PC 端和移动客户端进行全新优化。熊猫频道客户端在功能上以直播为主要特色，同时具有点播、边看边聊、直播频道个性化定制及海外分享等功能。

图 4 - 3 2016 年熊猫频道首次推出跨年主题直播
(图片来源：熊猫频道官方网站)

在此基础上，熊猫频道的线上内容传播与线下实体活动进一步延伸联动。熊猫频道策划了《熊猫走世界》海外粉丝招募活动，在海外社交平台征集海外粉丝作品以及开展投票活动，在美国、英国、墨西哥、马来西亚、泰国、韩国和中国香港、中国台湾等 10 个国家和地区陆续启动，赢得网友热烈响应。活动共征集到包括手绘、创意川菜料理和视频影像等形式的数百件熊猫主题艺术作品，最终通过公开投票，选出 25 件优秀作品。2016 年 12 月 15 日，来自全球 10 个国家和地区的 25 名熊猫粉丝齐聚中国成都，同熊猫频道一起开启了为期 5 天的成都之旅。通过这次熊猫粉丝四川行活动，让更多海外网友真切了解了大熊猫保护工作，同时借由大熊猫这一中国符号，传递了绿色环保理念，传播了中国文化，弘扬了中国精神。到当年年底，熊猫频道多终端多平台累计总浏览量已经超过了 23 亿人次。熊猫频道的海外社交账号粉丝数也突破了 800 万，是 2016 年初的 4 倍。熊猫频道发布的原创视频被英国广播公司（BBC）、美国有线电视新闻网（CNN）等在内的 1144 家境外电视频道使用超过 1 万次，最热门的一条视频点击数超过 7000 万次。

2017 年 2 月 22 日 19 时，熊猫频道在脸书平台发布了《精彩一刻 奇一抱大腿》单条短视频，展示了大熊猫与饲养员亲密互动的生动场景。这条时长仅有 57 秒的短视频，在上线后迅速引发全球网友围观，在脸书上实现了一天破亿的超高浏览增速，视频发布 48 小时播放量超过 5 亿，一个星期突破 10 亿，独立浏览用户达到 4.1 亿人。同时，这条视频还被国内外上百家重量级媒体及网站转载，被外媒称为"神奇的中国视频"。同时，这条视频也让主角奇一成为大熊猫世界的第一个全球网红，吸引了大量粉丝长期关注，进而为熊猫频道启示了以明星熊猫为核心基础的粉丝营销模式，为之后的内容生产和推广运维提供了重要的资源。视频发布一个星期内，熊猫频道账号粉丝数量增长超过 150 万。

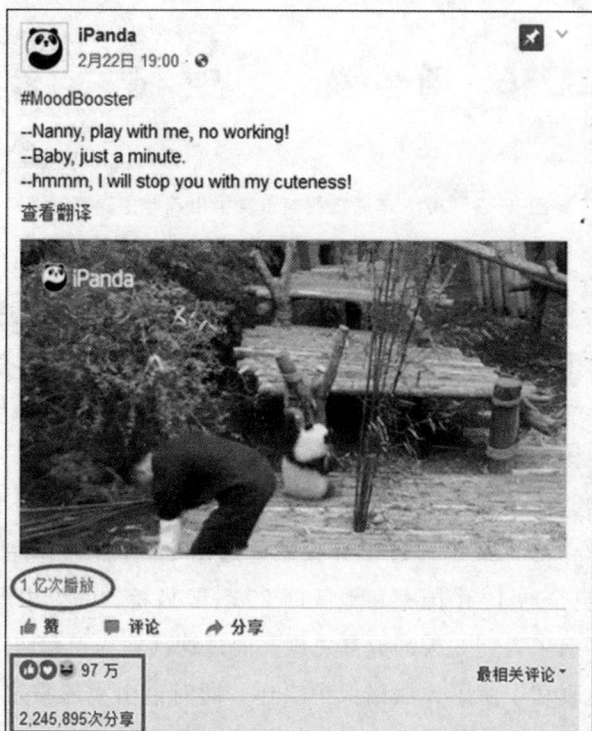

图 4-4　爆款短视频《精彩一刻 奇一抱大腿》火爆海外社交媒体平台

（图片来源：熊猫频道 iPanda 脸书官方账号）

到 2018 年 8 月熊猫频道上线 5 周年之际，熊猫频道海内外社交平台账号总粉丝数超过 2000 万，年均浏览及互动总量超过 40 亿次。频道推出 24 档精彩栏目，内容总时长超过 1.4 万小时。其间，熊猫频道发起了"熊猫野保行""熊猫奶爸奶妈体验"等系列体验活动，让无数熊猫"陌生人"加入到了关注、喜爱、保护大熊猫的行列当中。

106

自上线以来，熊猫频道得到了国内外传播业界和国际生态保护机构的高度肯定。在 2013 年 11 月 29 日业界誉为中国网络视听行业年度"风向标"的"首届中国网络视听大会"上，熊猫频道荣获"2013 网络视听创新典范"奖。次年 12 月，熊猫频道的直播节目在全球最大的视频实况直播网站 Earth Cam Network 进行的"十大视频直播"评选中成功上榜，成为中国唯一上榜的网站，并获评"在高分辨率的高清摄像头下一天 24 小时展示播出了一个家族的大熊猫"。2016 年底，在第四届中国网络视听大会年度盛典上，熊猫频道获评"年度优秀专业类网络视听节目"。2022 年 8 月，在第三届中国短视频大会发起的"2021 年度全国微视频短片推优展播活动"中，熊猫频道策划制作的多语种新媒体微纪录片《大熊猫故事》，荣获国际传播类年度一等作品。《大熊猫故事》以 4K 高清标准制作，盘点了国宝大熊猫保护史上最具里程碑意义的 15 只熊猫以及它们背后不为人知的救助、科研故事，以过去、现在、未来三个篇章向全球网民阐释了"生态兴则文明兴、人与自然和谐共生"的思想内涵。

图 4-5 熊猫频道推出微纪录片《大熊猫故事》

(图片来源：央视网)

到 2022 年中，熊猫频道已经在包括微博、微信、B 站、抖音、快手、知乎在内的国内头部社交传播平台，以及央视频、百家号、企鹅号等其他内容传播平台都建立了自己的账号，同时还在脸书（Facebook）、优兔（You-Tube）、推特（Twitter）等国际一流社交传播平台，以及主要面向全球年轻群体的照片墙（Instagram）、抖音国际版 TikTok、Quora（SNS 问答网站）等社交分享平台开通了自主账号，近年还进一步推进到 Niconico（日本本土平台）、VK（俄罗斯本土平台）、DailyMotion（法国本土平台）等国家和地区的主要社交媒体平台，形成了一个国内国外并行、全球化与本土化兼顾的全球传播矩阵。如今，熊猫频道在全球范围内拥有活跃用户近 5000 万人，用户覆盖中、英、德、西、法、俄、日、泰等语言，全平台累计浏览量近 450 亿次，累计视频播放量超过 140 亿。经过近 10 年的运营发展，熊猫频道已经成为中央广播电视总台在国际融合传播领域的旗舰产品，在国际受众中形成了具有高识别度、高口碑度的传播品牌，产生了良好的"好感传播"效应。

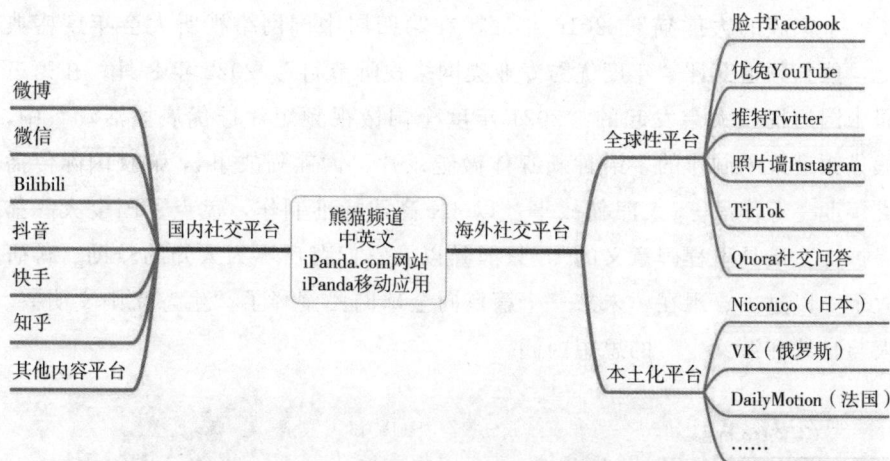

图 4-6　熊猫频道全球传播平台矩阵

二、内容特色

熊猫频道以大熊猫为主题，以多终端、多语种为媒介，立足 7×24 小时全方位全时段直播，持续推出海量原创点播微视频，大熊猫野化放归、繁育交配、新生大熊猫宝宝亮相及其他珍稀物种等热点内容移动直播和专题，普及关于大熊猫和其他珍稀物种的保护知识，向民众展示近年来中国对生物多样性保护和生态环境保护的成果。概括来说，熊猫频道的传播内容可以划分为直播和短视频两大类。

（一）熊猫频道直播类内容

熊猫频道首创 7×24 小时全方位全时段直播，通过与成都大熊猫繁育研究基地、中国大熊猫保护研究中心等繁育保护机构的合作，将慢直播镜头设置到了熊猫的生活区域内，以不打扰的自然记录方式将熊猫的日常生活状态呈现在网络传播平台。可以说，从创办以来，以慢直播为核心的直播类内容一直是熊猫频道传播内容的核心和基础。在熊猫频道自有渠道，直播类内容被整合为"熊猫 Live 秀"呈现。从内容形态上来说，目前熊猫频道的直播类内容主要包括 24 小时慢直播和事件性直播两大分支。

图 4 - 7　熊猫频道直播类内容"熊猫 Live 秀"

（图片来源：熊猫频道官方网站）

1. 24 小时慢直播

如前所述，慢直播是进入互联网传播时代以后，视觉传播形态发展的最高形式，通过视听信号的全程实时即时传播，实现对自然事实的原态呈现。熊猫频道的 24 小时慢直播，正是基于这一基本认知而设立的。

2013 年上线初期，熊猫频道在成都大熊猫繁育基地的母子园、幼稚园、幼年园、成年园和大熊猫 1 号别墅 5 个区域布设了 28 路高清摄像头，多机位多角度、全天候视频直播大熊猫的日常起居、娱乐、繁育等活动，展示大熊猫不同生长阶段的状态。在此基础上，选择其中熊猫状态较好的 10 路作为 24 小时网络直播的信号源，再从中优选 1 路配备实时的文字解说，进一步丰富直播节目信息量。

经过两年多的初期探索，熊猫频道在 2015 年经过整体升级改版。其间，熊猫频道对传播内容也进行了全面的拓展。首先，在原本成都大熊猫繁育基地慢直播的基础上，通过与中国保护大熊猫研究中心的合作，进一步增加了卧龙自然保护区的慢直播信号源。在核桃坪野化培训基地、都江堰基地"盼盼园"和"双楠园"，以及海拔 2600 多米的"五一棚"臭水点位、海拔 1700 多米的红路点位，都建立了直播点位。[①] 熊猫频道在卧龙共布设了 60 余路摄像头，并从中精选 11 路进行网络直播。至此，熊猫频道与成都、卧龙两大熊猫保育机构合作，通过近百路摄像头提供 22 路慢直播，将圈养和

---

① 《卧龙大熊猫正式亮相"熊猫频道"》，2015 年 1 月 6 日，四川省人民政府网站：https：//www.sc.gov.cn/10462/10464/10465/10595/2015/1/6/10322730.shtml，访问时间：2023 年 5 月 25 日。

野化培训状态下的大熊猫，以及大熊猫栖息地的自然环境和优美风光，全方位地呈现在慢直播的自然视觉当中。

与此同时，熊猫频道的内容团队也在初期的传播实践中不断摸索受众需求特点和内容建设规律。从最初以展示熊猫真实生活状态为主的内容生产，逐渐发现受众对于慢直播传播形态和大熊猫视频内容的首要需求是轻松娱乐，进而是对大熊猫相关动态资讯的跟进，以及对大熊猫与饲养员之间的互动有着很高的兴趣，同时很多熊猫粉丝还会积极发出自己制作的视频、图文等内容，互动性和主动性很高。基于这样的经验积累和实践总结，熊猫频道进一步将慢直播的内容传播精细化，不仅进一步聚焦受众普遍喜闻乐见的吃播、睡播、玩播等萌点时刻，还将原本默默无闻的饲养员以"奶爸奶妈"的形象推到前台，将人熊互动作为传播聚焦的重点领域。

图 4-8　熊猫频道 24 小时慢直播

（图片来源：熊猫频道官方网站）

2020 年 3 月，经过调整升级的 iPanda 熊猫频道 24 小时直播重新出发，为全球熊猫粉丝提供 27 路直播信号。受众可以通过手机、电脑等多种终端，在熊猫频道官方网站和熊猫频道 App 应用在线围观熊孩子的玩闹时光。在幕后，熊猫频道 24 小时慢直播通过采用最新的 5G 传输、4K 高清视频等技术，全面提升了慢直播的传播效率和内容质量。在台前，熊猫频道对慢直播的内容呈现进行了以受众为中心的重组再造，尤其是推出了全新的时移回看功能，对当日的慢直播内容给出全程时间轴，并且根据熊猫的日常生活习惯给出关键点标注，帮助受众可以主动选择特定时间段、观看特定场景、关注特定活动，大大消解了慢直播传播过程因"漫无目的"而产生的"使用动机不足"①，大

---

① 根据传播学中经典的使用与满足理论，受众都是基于一定的使用目的进而产生接触内容的行为。

大提升了慢直播观看的内容选择性，缩减了慢直播内容消费过程中的无效时间成本，进一步提升了受众满意度。

2. 事件性直播

在熊猫频道的直播类内容中，除了全年无休的 24 小时全天候慢直播以外，另一大类就是事件性直播，也称主题直播或移动直播。这类内容通常是以特定事件为契机，围绕事件设定具体的传播主题，进而在事件进行的特定时间段内进行直播，采用的传播渠道是在网站和 App 基础上，广泛包括以移动网络为基础的多种传播平台。因此可以说，这类直播内容形态是以事件为核心，有特定的播出时间和特定的传播主题，因而与 24 小时慢直播相比具有更为明确的传播议题和传播目的，需要在精心的策划筹备基础上有序展开。在实际工作中，事件性直播作为常态慢直播的补充，可以不受固定镜头点位的限制，传播的场景更加灵活，同时加入主持人通过解说、与饲养员互动、邀请 KOL 参与等方式，主导直播内容的进程，与受众实时互动。目前，熊猫频道推出的事件性直播类内容，统一以"国宝面对面"（Panda on Live）的传播品牌面向受众，主要包括两大类内容：一是紧密围绕大熊猫相关事件展开的直播，二是与当下时事结合推出的主题策划。

围绕大熊猫相关事件展开的直播类内容，主要包括熊猫的成长历程、海外出差、相关活动等，几乎涵盖了大熊猫成长生活历程中的所有大事，简略统称"熊生大事"。其间，熊猫频道推出的很多熊生大事直播都是全球首次，例如，2015 年 6 月 30 日对大熊猫产仔过程的实况直播，2016 年 4 月推出的大熊猫交配科普直播，等等。

图 4 – 9　大熊猫产仔科普直播

（图片来源：熊猫频道官方网站）

图 4 - 10 大熊猫交配科普直播

（图片来源：熊猫频道官方网站）

除了上述以熊猫的自然常态为表现内容的直播，还有围绕大熊猫推出的主题直播。例如，2021 年 2 月 15 日上线的"大熊猫的一天"主题直播，聚焦大熊猫的日常生活，通过对三只大熊猫"晶亮""芝士""芝麻"的画面呈现，穿插科普老师对大量熊猫相关知识的专业讲解。

图 4 - 11 科普直播"大熊猫的一天"

（图片来源：熊猫频道官方网站）

在此过程中，熊猫频道的主题直播内容逐渐形成了一些广受欢迎的招牌节目，相对固定下来成为每年必有的直播内容。其中，既有每年在新年、中秋等传统节日的主题直播，也有当年新生小团子的集体亮相、每个明星大熊猫的生日等。

左：2021级熊猫宝宝亮相　　中：国宝生日会　　右：熊猫妈妈带仔

图 4-12　熊猫相关主题直播

（图片来源：熊猫频道官方网站）

目前，熊猫频道每年推出超过 40 场事件性主题移动直播，结合当下事件和热点趋势，广泛覆盖新生大熊猫、旅居国外大熊猫回国、大熊猫野放、珍稀动物保护等热点事件，足迹遍布国内外大熊猫饲养机构、动物园及自然保护区，带给用户最新、最全面的熊猫事件直播。2022 年，除了 24 小时常态直播、事件性直播，为满足"猫粉"多种需求，熊猫频道还特别策划增加了"熊猫慢节奏"系列直播，以慢节奏为出发点，通过 4 小时/场的大熊猫内容，让用户体验刷剧般的云撸猫感受。

3. 热点事件主题策划

除了与大熊猫直接相关的熊生大事和熊猫主题直播之外，熊猫频道还会紧密结合当下发生的热点时事，推出有针对性的事件性直播内容。如母亲节、开学季等。

尤其是与生态保护、生物多样性等相关的主题日，熊猫频道都会提前策划，以专题直播的形式推出内容丰富、贯穿科普的主题策划直播内容。2021年，熊猫频道联合十大自然保护区发起"关爱珍稀动物，保护美好家园"公益直播项目。通过各珍稀野生动物保护区"代言"，介绍珍稀动植物的科普知识、有趣故事以及野生动物保护过程中的动人故事；从熊猫延展到海龟、扭角羚、亚洲象、金丝猴等野生动物保护最前线。首场江苏大丰自然保护区

"麋鹿野化放归"向全球网友直观呈现中国濒危物种拯救和放归工作中的突出成效，单场直播总浏览量超过 310 万次。同时，熊猫频道也展现各地野生动植物保护成就，推广由绿水青山向金山银山转换的成功案例，让更多人积极参与和支持野生动物保护事业。

图 4 - 13　母亲节主题直播

(图片来源：熊猫频道微博官方账号)

图 4 - 14　开学季主题直播

(图片来源：熊猫频道微博官方账号)

图 4‑15　国际熊猫日主题直播

（图片来源：熊猫频道微博官方账号）

在 2020 年 2 月至 4 月的疫情期间，熊猫频道特别策划"国宝与你同行"系列公益特别节目，通过响应武汉方舱医院患者看熊猫的心愿、邀请四川省援鄂医疗团队连线互动等方式，让大熊猫与海内外网友云相聚。

图 4‑16　"国宝与你同行"系列公益主题直播

（图片来源：熊猫频道微博官方账号）

其中，首场直播"国宝与你同行——我们照顾好熊猫，你们照顾好自己"于2月19日19：30上线开播，不仅让武汉汉阳方舱医院的病友和更多"宅"在家里的网友有机会接触到大熊猫的真实生活状态，满足患者及医护人员"云上探班"心愿的同时，也展示了疫情期间大熊猫保护工作中的防控举措，既宣传防护知识，增强群众自我防控、科学防控意识，还进一步向网友呈现了特殊时期坚守岗位的大熊猫饲养员的舍我精神，向广大网友传递"我们照顾好熊猫，你们照顾好自己"的决心与关心。在此基础上，熊猫频道秉持万物皆可"云"的理念，为"国宝与你同行"推出了一系列主题策划内容，包括："云春游"系列，带领用户足不出户完成春游愿望，全程以第一视角带领网友云游熊猫世界；"云成长"系列让网友有机会体验到"云"养成的乐趣，更有机会聆听饲养员介绍熊猫宝宝的成长经历，分享人与自然和谐共生的美好与喜悦；"云课堂"系列助力网友完成对动物与自然界的自我深层思考，挖掘深层次的科普价值。

在技术上，熊猫频道还引入了智能翻译和英文同步解说，搭建全球粉丝与熊猫同步面对面的"云游之旅"，引发海内外网友纷纷关注和点赞。该系列共推出7期，全网总阅读量超过2.67亿，观看量超6500万，总互动量近258万。[1] 曾有媒体评价称："通过系列移动直播及视频为疫情防控中的网友带来了无尽的温暖力量。大熊猫的故事在这样一个特殊的时间节点焕发出了它的独特价值，不仅为人们生活增添了一些趣味，更带给人们战胜疫情的强大精神力量。"

（二）熊猫频道短视频类内容

整体来看，熊猫频道的传播内容以直播类为基础，但是从体量占比上来看，短视频是最主要的类型。从传播内容的主题来说，短视频内容主要可以划分为以下几大系列：轻松笑段、人熊互动、拟人故事、公益科普、主题传播和熊猫资讯等。而在内容形态上，上述所有主题的短视频内容都有多种形态，其中既有慢直播素材基础上的进一步制作加工，还有多种技术加持下进一步实现的动画等原创内容。

---

[1] 《喜讯 | 成都熊猫基地"国宝与你同行"系列节目获一等奖啦!》，2022年3月4日，成都熊猫基地微信公众号：https://mp.weixin.qq.com/s/AuPiHcG3zBhyPGnz00lSFQ，访问时间：2023年5月27日。

图 4-17　熊猫频道短视频类内容"滚滚视频"

（图片来源：熊猫频道官方网站）

1. 轻松笑段

在日常交流反馈和多次对熊猫频道受众展开的调研结果中，绝大多数的受众关注熊猫频道短视频内容的最主要原因，是期待通过大熊猫获得轻松愉悦的感受，"笑"（funny）、"萌"（cute）、"趣"（interesting）是国内外受众对短视频类内容一致的核心期待。而从传播平台的数据表现来看，这类短视频也在熊猫频道的众多传播内容中最受欢迎、传播力最强。熊猫频道在全网传播表现最好的传播内容，基本都是轻松愉快带有搞笑属性的短视频，下设栏目包括《熊猫一刻》《超萌滚滚秀》《熊猫 Top 榜》《熊猫 vlog》《我的童年》《萌团幼儿园》《熊勒个猫》等。

其中，《精彩一刻 奇一抱大腿》单条短视频，展示了大熊猫与饲养员亲密互动的生动场景。这条时长仅有 57 秒的短视频，上线后迅速引发全球网友围观，在脸书实现了一天破亿的超高浏览增速，被国内外上百家重量级媒体或网站转载，被外媒称为"神奇的中国视频"。同时，这条视频也让主角奇一成为大熊猫世界的第一个全球网红，吸引了大量粉丝长期关注，进而为熊猫频道启示了以明星熊猫为基础的粉丝营销模式，为之后的内容生产和推广运维提供了重要的资源。

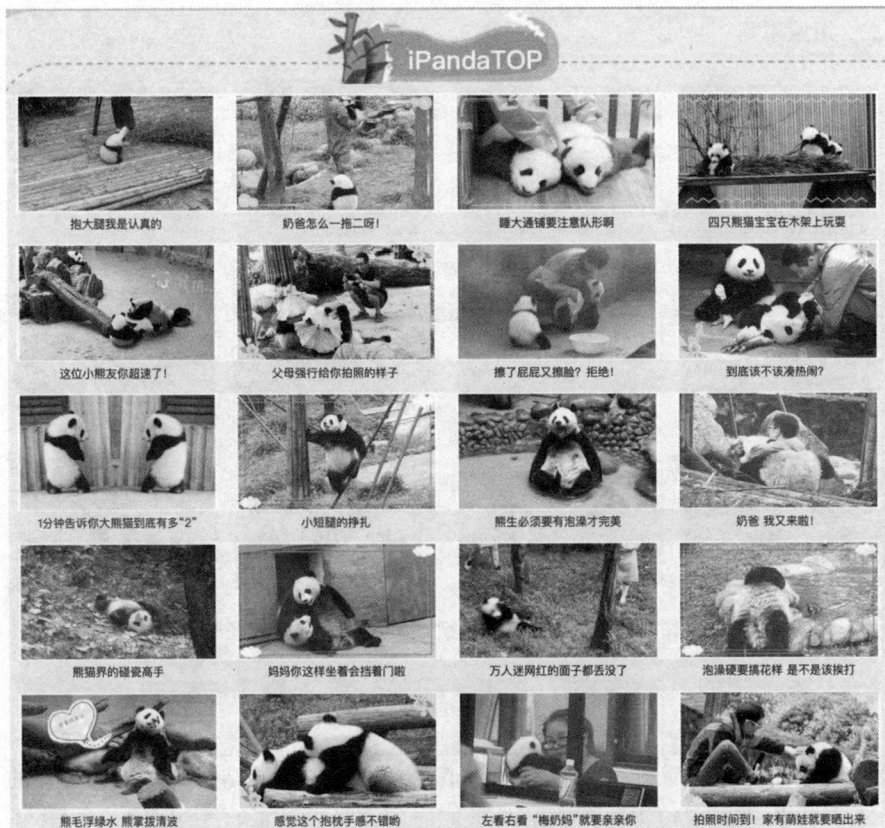

图 4-18 熊猫频道最受欢迎内容盘点

(图片来源：熊猫频道官方网站)

目前，熊猫频道对这一类型的短视频内容生产已经基本驾轻就熟，记录大熊猫呆萌可爱日常的短视频栏目《熊猫一刻》也已成为众多海内外受众最为关注的品牌。该栏目下推出的短视频《大熊猫的早餐》，展现大熊猫宝宝们"排排坐"认真吃饭的场景，让众多网友被其"萌力值"所俘获，纷纷点赞评论。该视频全网总播放量 1.6 亿次，海外播放量超 619.4 万次。

2. 人熊互动

通过上述"奇一抱大腿"成为全球爆款传播内容的例子，我们已经可以看到人熊互动相关内容的传播能量。在熊猫频道的大量短视频内容中，有很多人与大熊猫之间的故事，其中最主要的是与大熊猫几乎形影不离的饲养员们，被网友们称为"奶爸/奶妈"（海外网友称 nanny），其次还有大熊猫保护相关领域的科研人员、以大熊猫为创作灵感的艺术家，以及通过各种线上线下形式参与到大熊猫相关活动中的粉丝。通过这些短视频，熊猫频道不仅展示了生动的人与大熊猫之间的日常互动，给全世界网友带去欢乐、感动与幸福，同时也展示了中国在大熊猫的繁育、保护、科研等领域做出的大量工作，以及以熊猫为代表的生物、自然与人之间和谐友爱的相处模式。

图 4‑19　熊猫频道优兔账号浏览量 Top12

（图片来源：熊猫频道优兔官方账号）

目前，熊猫频道优兔账号发布的短视频中，浏览量最高的前 20 则短视频都是熊猫与饲养员之间的互动，浏览量都超过了 200 万次。在这些视频画面中，大熊猫在饲养员面前各种撒娇耍赖、要求亲亲抱抱陪伴玩耍。而一些经常出现在镜头中的饲养员，也在和熊孩子们的各种有爱互动中成为粉丝们喜爱的明星奶爸奶妈，被粉丝们称为"最嫉妒的人"。例如，被初代网红奇一黏着抱腿而被带火的饲养员陈波，广大网友都叫他"火腿奶爸"，不少猫粉跟着陈波关注他带过的每一只大熊猫；被广大网友昵称"江左梅梅"的饲养员梅燕，网友视她为霸占"心上熊"的最大情敌，而且因为她经常与熊孩子亲密互动而被叫作"吻熊狂魔"；还有从事熊猫培育饲养工作 20 年的谭金淘，作为 2012 级七小只的饲养员被大家熟知而昵称"谭爷爷"（网友表示，七只大熊猫宝宝和饲养员谭金淘在一起的画面就像葫芦娃七兄弟和爷爷），凭借他"果赖果赖"（四川口音"过来过来"）的一手钓猫绝技成为广大网友心中最宠熊猫的饲养员。通过饲养员和大熊猫之间的互动，受众不仅将自身的情感投射其中，对大熊猫表达出不胜喜爱之情，同时也对丰容、钓猫、收猫、盆盆奶等大熊猫饲养工作中的各个环节和专业知识熟练掌握，实现了科普传播的寓教于乐。

图 4-20　"熊猫爷爷"谭金淘
（图片来源：熊猫频道官方网站）

图 4-21　"熊猫爷爷"谭金淘"钓猫"
（图片来源：熊猫频道官方网站）

围绕大熊猫与饲养员之间的故事，熊猫频道推出了专门的平台社交化微视频栏目《全世界最幸福的人》，全方位展现大熊猫饲养员和大熊猫保育机构的工作，立体展现中国在大熊猫保护事业上付出的不懈努力和卓越成效。其中一则"大熊猫遇上美食诱惑"的短视频，以温馨治愈又活泼有趣的风格，呈现了熊猫妈妈拿到苹果或者盆盆奶就松开怀中宝宝的憨态，展现了熊猫妈妈对饲养员的信任。该视频经熊猫频道全平台发布后，引发国内外的热烈反响，被《人民日报》、央视新闻等媒体微博转发，并以＃一个苹果就能换国宝的仔＃、＃国宝的忘崽大礼包＃等话题登上微博热搜榜。单条视频的海外总浏览量超过8046万次，网友将视频分享给好友时评论称："我希望也能有机会，至少可以有一个星期的时间，可以从事大熊猫饲养员的工作，尽管我知道这份工作其实并不容易。致敬这些大熊猫奶爸奶妈们，他们怀着真挚的爱心努力工作。"

另外，熊猫频道的下设栏目《熊猫情缘》和《熊猫故事会》等，都是以人熊互动为主题的短视频内容。其中，《熊猫故事会》推出了一系列短视频内容，每一期聚焦一个与熊猫结缘的人物故事，其中既有集齐全套大熊猫邮票的集邮研究会会长讲述的"方寸之间的国宝"故事，也有经征招选拔来到基地向专业饲养员学习如何陪伴照顾大熊猫的全球粉丝记录的"奶爸奶妈练成记"，三年画了两百多张形态各异的大熊猫绘画的年轻猫粉回溯自己"爱上画熊猫"的心路历程，以及致力于"要把大熊猫推广到全世界"的研究学者阐释大熊猫文化，等等。

3. 拟人故事

1981年，西方学者莫里斯出版了《大熊猫》一书，通过系统的抽样调查，专门研究了大熊猫的拟人化特点后指出，大熊猫"脸扁平，因为人的脸是扁平的，大熊猫使人觉得有亲近感；黑色的眼圈显出孩子般的天真；靠食素为生，不攻击伤害小动物，给人以慈善的印象；活泼、笨拙，使人联想到孩童时的无知稚趣；黑白分明的朴素色彩吸引人的注意；珍稀，让人百看不厌和发现史的神秘奇特，等等"。这些拟人化的特点，构成了普通民众关注和喜爱大熊猫的重要因素。通过交流反馈和受众调研，研究发现熊猫频道受众对大熊猫视频的关注，也是这样一种拟人化机制下的典型"自我投射"过程。"自我投射"是一个心理学概念，指人们在认识事物时会将自己的情感、意志、特征等投射到认知对象身上，因而使得人们对这一事物的认知会偏向于自己所投射的意义。"自我投射"有两个层次：一是情感投射，即将自己的情感经验投射在对象之上予以情感化的解读；二是愿望投射，即将自己的主观愿望投射在对象之上进行期望性的认知。

基于对这一"自我投射"心理过程的深度认知，熊猫频道在内容生产过程中，充分融合调动受众在慢直播传播过程中产生的"自我投射"，不仅将受众情感投射形成的"滚滚""胖达""团子"等称呼广泛应用，更将受众在观看大熊猫过程中通过留言、评论、互动等多种方式传达的愿望投射实际呈

现出来，通过对大熊猫的拟人化形象转化，经由大熊猫的"声音"来表达广
大网友对生活状态、社会关系的期望投射。

图 4-22　熊猫频道社交媒体传播突出拟人化语态

（图片来源：熊猫频道微博官方账号）

熊猫频道发布的大量短视频都采用大熊猫的拟人化语态，将大熊猫模拟
为会呲巴嘴、跷二郎腿，也会争宠、抢地盘、藏零食的小朋友。其中在《熊
猫成长日志》栏目中，每个大熊猫都有自己的性格特点，给大熊猫赋予了具
有人格化的形象设定，更适宜于粉丝化的长期运营维护。

金双：调皮洒脱爱冒险

润玥：谁是"黄毛丫头"？

春生："春生"小熊初长成

艾玖：毁树专家"艾玖"

热干面：宠粉达熊是如何养成的

和花：富家大小姐，不缺盆盆奶

成浪：瞌睡大王

成风：戏精"成风"称重记

图 4-23 "熊猫成长日志"人格化性格特征

（图片来源：熊猫频道官方网站）

从 2021 年开始，熊猫频道推出了全新设定为"脱口秀"性质的《如果国宝熊猫会说话》，将慢直播素材中提取的典型场景，结合"熊设"进行拟人化的内容转化，以第一人称视角代大熊猫"袒露心声"。通过大熊猫之间生动、活泼的"对话"场景，展现大熊猫的有趣生活瞬间。目前，该系列节目共发布 11 期，全网总浏览量超过 1.3 亿次，海外总浏览量超过 1.15 亿次。

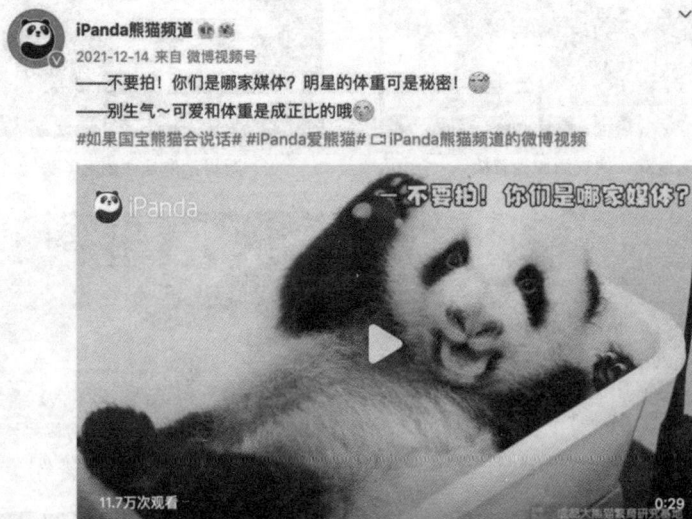

图 4-24 "如果国宝熊猫会说话"第一人称"发声"

（图片来源：熊猫频道微博官方账号）

在相关视频内容中，不仅有对大熊猫各种活动状态和行为方式的拟人化解读，更有对大熊猫自身的人格化形象塑造。整体来说，其实包括前述给大熊猫过生日办"趴体"等活动，事实上都是以人格化方式呈现大熊猫生活状态的典型情景。这样一种拟人化的叙事组织方式，有效地激活调动了受众在观看熊猫过程中的"自我投射"，实现让受众从情感代入到共识生成的深层传播。

4. 公益科普

科普传播是主流媒体的重要职能之一，指通过内容传播实现"有效扩展科学知识、培养科学精神，让更多人理解和掌握科学知识"[1] 的社会功能。而科普工作的成效如何，很大程度上取决于传播模式的选择和创新。在数字化、网络化、移动化的传播环境下，科普传播也转向了凸显可视化和互动性的创新传播内容和形式。对于熊猫频道这一立基于大熊猫的融合传播媒体来说，推进大熊猫以及生态保护领域的科普传播更是核心的职能。保护大熊猫，务必科普先行。而为了做到这一点，熊猫频道的工作团队首先从自身的能力建设开始，不定期参加熊猫知识的学习，也经常向熊猫基地的专家们请教大熊猫保育知识，确保节目的准确性和内容的科学性。

从创办以来，熊猫频道持续推出一系列多种形式、多元样态的公益科普类短视频内容。致力于加强全民性、全球化的生态自然科普教育，将真实的大熊猫保护现状及意义展示给全世界。在此过程中，采取的传播形式既有基于慢直播素材进一步推出的真实熊猫视频、结合多媒体技术制作的 IP 定制动画，又有科普专家在线讲座及答疑等方式，交互式讲解科普内容，系统介绍大熊猫及其伴生物种的科普知识。推出的一系列栏目包括：《熊猫百科全说》《熊猫你知道吗？》《熊猫我知道》《熊猫好奇课堂》《你不知道的大熊猫》等，已经形成了广受受众欢迎的传播品牌。

《熊猫你知道吗？》 《熊猫我知道》

图 4-25 真实熊猫素材科普短视频
（图片来源：熊猫频道官方网站）

---

① 郑宇：《互联网＋科普传播亟需打造四个平台》，《传媒评论》2016 年第 9 期。

在此过程中，熊猫频道公益科普内容的形态也在不断创新升级。2014年推出的《熊猫百科全说》、2015 年的《熊猫你知道吗？》和 2019 年的《熊猫我知道》等，都是基于慢直播素材的真实熊猫视频画面进行的内容再加工生产，其中《熊猫百科全说》和《熊猫你知道吗？》还大量采用了在成都大熊猫繁育基地园区内对熊猫粉丝和来访游客的采访对话，将公众认知中的大熊猫和专业的熊猫科普知识并列对照，凸显了科普的必要意义。其中，《熊猫我知道》第一季较第一季从科普内容、画面、音效、字幕等方面进行了优化，针对海内外网友热议的问题进行了详细解答，对网友关于大熊猫知识的常识误区给出明确阐释，画面更加直观，知识点更为突出，更符合新媒体传播形态。《熊猫我知道》第二季海内外网友互动量超过 18 万，#熊猫我知道#微博话题阅读量接近 5000 万，海外网友纷纷表达了对节目的喜爱。

在上述以慢直播素材为基础进行生产的短视频之外，熊猫频道还针对大熊猫粉丝群体相对年轻化、科普传播主要面对下一代青少年的特点，推出了一系列卡通动漫形式的公益科普内容，通过更加吸引青少年注意、广受青少年欢迎的内容形态传播大熊猫相关科普知识。

第 1 季 1 期　大熊猫到底是真胖
还是"虚胖"？

第 1 季 2 期　大熊猫半夜在干啥？

第 1 季 5 期　好奇！为什么熊猫宝宝
爱抱大腿？

第 1 季 8 期　大熊猫如何安度晚年？

图 4 - 26　熊猫频道系列科普短视频"熊猫好奇课堂"

（图片来源：熊猫频道官方网站）

第2季1集　大熊猫竟然是近视眼？　　　　第2季3集　大熊猫不需要冬眠吗？

第2季8集　大熊猫如何沟通交流？　　　　第2季12集　圈养大熊猫野放的意义？

图4-26（续）　熊猫频道系列科普短视频"熊猫好奇课堂"
（图片来源：熊猫频道官方网站）

2020年9月，熊猫频道推出了全新的动画科普短视频系列《熊猫好奇课堂》，用活泼的动画形象、风趣的说明语言、活泼的画面风格，以每期100秒左右的时长讲解一个大熊猫科普问题。这一系列短视频不仅采用了可视化、游戏化的内容呈现方式，更在传播过程中凸显了互动性的推广方式。在系列短视频上线前一个月，熊猫频道就开始通过全平台向网友征集感兴趣的问题，并且在每期内容推出之前进行预告，起到了很好的引流和推广的作用。2021年4月继续推出的第二季，以熊猫频道IP形象进行科普内容视觉化演绎，每期90秒的"胶囊课"核心讲解一个大熊猫知识，生动有趣又有料，满足新媒体用户收获"干货"的诉求，有效提高了用户黏性与互动参与。

5. 主题传播

熊猫频道的主题传播主要是基于当下热点事件、重要活动等推出的策划性短视频内容，在营销推广层面来说属于"蹭热点"的借势传播，让熊猫频道的广大受众可以和喜爱的大熊猫一起，高速冲浪，热点在线。相关内容主要集中在《熊猫星团》栏目中。就具体内容来看，首先是与生态保护和生物多样性保护相关的重要事件和主要节点，如国际珍稀动物保护日（4月8日）、世界地球日（4月22日），等等。熊猫频道还在每个主要的节日都推出了相应的主题传播内容，紧跟受众的讨论点、关注点，与受众同在。

图 4 - 27 五一劳动节主题传播内容

(图片来源：熊猫频道微博官方账号)

同时，熊猫频道还非常注重与当下热点事件紧密衔接，通过主题策划的方式推出大量紧跟时事的传播内容。例如，2022年北京冬奥会期间，熊猫频道推出了一系列将大熊猫形象嵌入冬奥热点主题的传播内容。在神州十三号发射、返航等重要节点，也都发布了相关内容。2022年4月24日中国航天日当天，熊猫频道围绕神舟十三号宇航员返航热点事件推出"熊猫星团"特别策划，科普太空知识，展现航天成就。一是推出"熊猫宇航员"英文表情包，原生态大熊猫形象结合二次元宇航员漫画风格，紧密契合广大受众对航天的热情和兴趣。二是与 B 站 up 主跨圈联动，全平台推出《熊猫"元宇宙"历险记》短视频，将大熊猫与元宇宙概念相结合，加入手绘元素，纪念中国航天事业成就，激发探索宇宙的热情。这则短视频一经发布就获得了海内外受众的广泛关注，平台总浏览量超过1210万次，其中海外平台总浏览量超过1100万次，国内微博平台播放量超过1050万次，为日常平均单帖视频播放的70倍。通过多种互动渠道，网友纷纷留言表达了对此次破次元合作的喜爱之情。

图 4－28　中国航天日推出《熊猫"元宇宙"历险记》

（图片来源：熊猫频道微信公号）

另外，随着熊猫频道在大熊猫相关垂直领域的知名度和传播力已经形成效应，很多相关事件活动方也会主动邀请熊猫频道，通过合作的方式参与到他们的整体传播推广中，这也成为熊猫频道主题传播中的一股重要力量。2021 年 10 月，作为迪拜世博会中国馆"感知中国"活动的有机组成部分，熊猫频道受官方邀请在世博会现场开通"熊猫慢直播"，邀请各国游客一起观看熊猫家族的日常生活。同时，推出《国宝面对面》系列"熊猫宝宝面'世'"特别直播，以中、英、阿等多语种登陆迪拜世博会中国馆，向全球展现中国"熊猫人"的故事，直播总浏览量 469.5 万次，观看人次超过 37 万，还有 2 万来自海内外的网友积极参与互动。

图 4－29　迪拜世博会中国馆特别直播

（图片来源：熊猫频道官方网站）

6. 文化传播

从创立之初，熊猫频道的定位就是建基于大熊猫内容，传播中国之美、传承中国文化，因此其一直都非常注重文化传播，尤其注重对中国传统文化的广泛传播和对外阐释，推出了以中国的传统节日和二十四节气为内容核心和发布节点的策划传播内容。从 2021 年开始，熊猫频道革新产品内容形式，将大熊猫的最萌身影与中国文化跨界组合，重点打造推出《熊猫星团》系列，内容形态包括海报及微视频产品，通过熊猫频道全媒体渠道发布，当年即获得超 3.7 亿次的浏览量。上述主题传播类别的很多内容，以及文化传播类别的内容，都通过《熊猫星团》的统一品牌整合推出。

其中，熊猫频道围绕传统节日推出的大熊猫联欢会、音乐会等，已经形成了很好的传播效应和粉丝效应，成为受众一年一度不容过错的重头戏。从《熊猫新春音乐会》到《大熊猫中秋联欢会》，熊猫频道将原生态大熊猫的可爱形象与虚拟 IP 形象跨界融合，并融入中国传统民乐、中国节日习俗等元素，带领海外观众体验独特浓郁的中国节日文化。尤其是联合中央民族乐团打造的《熊猫新春音乐会》，将大熊猫与大家耳熟能详的中国传统民乐相结合，演绎别具一格的新春音乐会，收获海外网友一致好评的同时，荣获央视网 2021 年度春节季＋两会优秀作品二等奖，成为网络媒介与传统文化融合传播的成功案例。

图 4 - 30 2021 年熊猫频道《熊猫新春音乐会》

（图片来源：熊猫频道微博官方账号）

另一款爆火的传播产品，就是《熊猫星团》推出的二十四节气主题海报，通过大熊猫的形象将中国节气文化及其相关民俗以更加生动活泼、更易理解的形式呈现出来，推动中华优秀传统文化的有效输出。仅在 2021 年，相关内容总浏览量就超过了 4087 万次，达到 2020 年全年总浏览量的 4 倍。

图 4-31　《熊猫星团》立夏海报和微视频

（图片来源：熊猫频道微博官方账号）

图 4-32　《熊猫星团》二十四节气海外传播

（图片来源：熊猫频道照片墙官方账号）

7. 熊猫资讯

　　熊猫频道通过视频形式，将国内外与大熊猫保护、生态环保等领域相关的新闻资讯整合到一起，为受众提供最为全面、深入的熊猫相关新闻资讯。熊猫频道将相关内容整合为《熊猫播报》栏目，不仅通过全平台传播渠道第一时间推送给受众，同时在主网站和自有 App 搭建专题页面，一体化整合便于普通受众、研究人员或其他相关领域人士的浏览查询。

图 4-33　《熊猫播报》之"国宝千里行"

（图片来源：熊猫频道微博官方账号）

在《熊猫播报》栏目当中，主要包括以下主题："国宝千里行"，聚焦海外差旅任务中的大熊猫，广泛采用来自海外大熊猫保育机构和新闻媒体等来源的熊猫资讯视频画面；"国宝秘境"，关注国家公园红外相机捕捉到的珍稀动物画面，全面传播展示中国生态保护的成就和动态；"国家公园"，进一步聚焦四川大熊猫国家公园，将公园中设置的红外相机拍摄到的野生大熊猫资讯作为主要内容；"熊猫快讯"，与大熊猫相关，具有较高新闻价值点的时效资讯，例如，2022 年 4 月 2 日四川省平武县一名工人在进行工作作业时偶遇野生大熊猫下山遛弯儿，等等；其他资讯，主要是大熊猫保育、生态环境保护相关机构的动态，包括开展合作、举办活动等。

8. 生态传播

生态文明是"立足中国传统生态思想，秉承马克思主义生态观，经中国共产党历届领导人的继承与发展进入新时代，形成具有中国特色的社会主义生态文明理论与实践经验"[1]。可以说，生态文明是中国在生态环保领域的

---

① 钟万芳、程波：《新时代中国特色社会主义生态文明观的话语国际传播路径》，《科教导刊》2021 年第 21 期。

特色创新，将生态建设提升到文明的层次去推动整体性的理念更新、政策协同、行动措施，在全世界范围内都是具有先进性和经验性的重要思想体系。因此，从生态文明国际传播的角度来说，建立面向世界、面向未来、具有普遍适用世界的生态文明话语体系，具有全球性的思想和实践层面的重要意义。熊猫频道作为中国国际传播的一个重要窗口，义不容辞地承担着面向世界传播、阐释、弘扬生态文明理念和中国实践经验的责任。

为此，熊猫频道一直非常重视对生态文明建设领域的思想理念、具体案例和实践经验的介绍传播。熊猫频道打造的系列微视频《国宝秘境》，以海、陆、空不同领域的各类珍稀动物为主题，基于台播资源、合作动物园珍贵影像、保护区独家镜头等优质内容，采用"自然感"的视觉包装，打造沉浸观感体验。在传播内容中，通过对"鸟类大熊猫""海中大熊猫"等细化版块的主题建设，结合一句话"轻科普"的文案形式，推出有趣有料的珍稀动物科普日更产品。以2021年为例，《国宝秘境》栏目在全球获得超过4.3亿总曝光量，总播放量超过1.2亿次，总互动量超过240万次。其中产生了在海外平台上单条曝光量超过1亿次的爆款内容，播放量超过3000万次，互动量超过30万次。2022年《国宝秘境》栏目持续丰富内容形态与内容范围，探寻大熊猫以外更多野生动物不为人知的保护历程，受到海内外粉丝热情点赞和回应，海内外浏览量一再刷新。

图 4-34 熊猫频道"'象'往的旅行"专题页

(图片来源：熊猫频道官方网站)

2021 年 5 月，几只大象离开云南的栖息地持续向北方迁徙。这支"大象旅行团"激起了全世界的兴趣，熊猫频道推出《"象"往的旅行》系列，借助脸书、照片墙等平台的特色 story 互动功能突出展现北迁象群与人、人与自然的故事，运用投票等形式让用户参与到事件当中进行预测等互动，单条视频获得上万次投票，全球浏览量近 2840 万次。此外，熊猫频道还聚焦生物多样性大会，推出"我们的共同家园"专题，以图文、视频、直播、专题、数字线上展览等多种形式，在微博、脸书等国内外多平台、全方位进行报道，传播效果显著，相关报道总浏览量已超 2100 万次。另外，熊猫频道也对 COP15 大会展开全方位深度报道，打造"珍稀物种 365"中英文网页专题，对所有台播节目、自制节目进行集纳整理，全方位积极推广生物多样性保护的"中国智慧"。

针对生态文明的国际传播，熊猫频道除在社交平台开设"共建美好家园"主题脸书账号之外，还在问答社交平台 Quora 开通并运营熊猫频道账号，借助自身资源优势，在该平台通过提问、答帖、运营社区等方式进行知识分享，创建并管理"Giant Pandas"社区，成为"Animals around the world"社区内容贡献者。2021 年 10 月以来，持续主动设置议题和有针对性发布"生物多样性大会"主题文章《为什么 COP15 选择云南？》及相关答帖等，向海外网友展示中国在生物多样性保护方面的丰富成果。目前，累计浏览量超过 22 万次，累计互动量超过 5000 次，自然效果 Top1 获得了 3200 次点赞。目前，该账号已经成为 Quora 平台"Pandas"话题下科普内容浏览量最高的账号。创建的大熊猫社区，已经吸引了众多动物领域大 V 的点赞、关注和分享。

三、融合传播

在慢直播和短视频两大内容类别的基础上，熊猫频道还在融合传播领域持续创新，不断推陈出新以技术引领、促融合深化。融合传播是一个概括性的描述，既包括内容形态上的融合创新产品，更有基于内容拓展的互动性、游戏化、产业化的综合传播产品。就熊猫频道的融合传播相关实践来看，可以从传播融合、互动产品、跨域融合和产业链条四个方面进行总结归纳。

（一）传播融合

从传播技术的层面来看，熊猫频道在总台总体推动以"5G＋VR＋4K/8K"以及 AI 人工智能、算法技术等为一体的媒体深度融合战略宏观指导下，也在创新技术应用领域积极作为，持续推出融合传播的内容产品。具体案例包括以下几个。

1. 微纪录片：《大熊猫故事》

由熊猫频道策划制作的多语种新媒体微纪录片《大熊猫故事》，于 2020 年 8 月初全球独家首播。纪录片以 4K 高清标准制作，全片采用英文配音，中文、英文、西班牙文、法文、俄文、日文、德文多语种字幕版本，旨在向全球网民阐释"生态兴则文明兴、人与自然和谐共生"的思想内涵，盘点了国宝大熊猫保护史上最具里程碑意义的 15 只熊猫以及它们背后不为人知的救助、科研故事，用一段段真实的历史串联了大熊猫的前世今生，鲜活生动地讲述中国以大熊猫为原点的珍稀动物保护的历史、现在和未来，每个故事均从不同角度来反映大熊猫这个神秘的珍稀物种在中国这片广袤土地上繁衍生息的动人故事。首轮全球独播引起强烈的反响，全网浏览量 10 天内突破 2.5 亿次，并实现在中国台湾地区、北美、东南亚本土媒体的实时落地，全球范围内多渠道协同推广。

《42.8 克的奇迹》

《"褪色"的国宝》

《熊猫妈妈》

《大熊猫出国记》

图 4‑35 《大熊猫故事》微纪录片

（图片来源：熊猫频道官方网站）

系列纪录片共 15 集，分为三个篇章：过去、现在、未来。第一篇章从大熊猫于 1869 年在中国被科学发现开始，通过《大熊猫走向世界》《大熊猫明星鼻祖》《熊猫传奇》3集视频讲述了150多年以来，大熊猫逐渐在全球范围受到关注，并给受到战争打击的人们带去希望的故事。第二篇章通过《大熊猫的野外家园》《英雄母亲"草草"》《42.8克的奇迹》《胖大海》《独一无二的棕色大熊猫》《熊猫妈妈》《"百岁"寿星》《大熊猫出国记》《暖暖的友谊》《"褪色"的国宝》10集视频，重点聚焦了大熊猫的现在，包括改革开放40余年间我国主导的以大熊猫为主的野生动物国际合作交流成果、推动大熊猫在国际上形成的惊人影响力、人气堪比明星的10亿流量网红熊猫的成长历程，以及大熊猫的生存环境保护工作。第三篇章由《等待》《伴你回家》2集组成，从大熊猫野化放归的成功案例，延伸到野外的幸福生活、繁衍过程，一步步带领观众展望大熊猫保护的未来。

2. 虚拟展馆："大熊猫世界"

2020年，熊猫频道通过网站主页和自有客户端推出"大熊猫世界"网上展馆，通过虚拟现实技术在网络搭建再现了中国大熊猫保护研究中心和成都大熊猫繁育研究基地两大熊猫保育机构，让受众在云端即可凭借虚拟地图沉浸式全景游览两大机构，与喜爱的大熊猫云端亲密接触。在虚拟展馆中，受众不仅可以通过直播全面观看线下大熊猫的日常生活，还可以近距离了解国内主要大熊猫饲养机构内的大熊猫博物馆、特色展览等内容，线下展馆和实体展览的内容和形态在线上也得到了进一步的丰富。

图4-36 "大熊猫世界"中的常设展馆"中国卧龙大熊猫博物馆"

（图片来源：熊猫频道官方网站）

　　虚拟展馆汇聚了国内外关于大熊猫及其他珍稀物种的特色展览，通过"VR＋AR＋MR"虚拟现实结合 720 度全景实拍、WebGL、移动互联网等技术，在网络中打造了一个既蕴含趣味又蕴含知识性的网络熊猫世界。目前，上线展馆包括成都大熊猫繁育研究基地的"大熊猫博物馆"常设展馆、"纪念大熊猫走向世界 150 周年系列活动"主题展馆和"熊猫的闪耀 2020 新春特展"，以及中国大熊猫保护研究中心的"中国卧龙大熊猫博物馆"常设展馆。

　　有媒体评价称，"大熊猫世界"虚拟展馆精准把握了全媒体的"全息"性质。在"全息媒体"的意义上，传播呈现形式愈加多元，以图文、视频、游戏、AR 更为立体地呈现内容，大幅度提高物理空间智能仿真呈现度。每一个来到大熊猫网上展馆的用户，都不会再感受到时间和空间的限制，可以"具身沉浸"，通过多媒体全景式了解关于熊猫的一切。

图 4‑37　熊猫频道联合谷歌推出"熊猫的快乐生活"数字线上展览
（图片来源：谷歌艺术与文化熊猫频道专页）

　　另外，熊猫频道还联合谷歌艺术与文化平台共同策划推出主题为"熊猫的快乐生活"的数字线上展览。此次展出内容丰富多样，涵盖大熊猫科普知识、大熊猫趣味故事、大熊猫主题艺术作品欣赏、大熊猫主题二十四节气海报等。除传统的图文展示外，同时结合新技术应用与谷歌共同推出 VR 游览成都大熊猫繁育研究基地、AR 熊猫互动体验、大熊猫图片填色游戏等。用户可以通过谷歌艺术与文化官方网站或"观妙中国"App 进行访问，开启一段妙趣横生的大熊猫探索之旅。

3. AI 智能：精准认猫

除了虚拟技术，熊猫频道也在前沿的人工智能技术领域积极探索创新。2019 年 5 月，熊猫频道发布消息称在与熊猫保护和科研机构合作，研发基于人工智能的"猫脸识别"技术，即通过图像分析和深度学习，以人工智能来实现对熊猫识别。首先能够识别场景中的熊猫活动，自动捕捉对焦跟踪大熊猫的活动；其次是在现有熊猫研究大数据积累的基础上，建立对熊猫的个体识别，形成更为精准高效的熊猫保护和内容传播机制。

（二）互动产品

基于社交媒体传播的特点，熊猫频道还推出了一系列互动游戏和表情包，获得了广大熊猫粉丝和频道受众的欢迎。

图 4-38 熊猫频道推出"滚滚小游戏"
（图片来源：熊猫频道官方网站）

熊猫频道推出的一系列在线网页游戏，将大熊猫保育科普知识融入其中，让熊猫粉丝在挑战游戏关卡的过程中发现、检验对熊猫周边知识的了解和掌握。例如，在通常认知中，大熊猫爱吃竹子和竹笋，除此之外大熊猫还吃些什么？"挑食熊猫"小游戏结合大熊猫的饮食习惯，让粉丝在互动游玩中巩固相关知识。另外，还有"熊猫找不同""熊猫砸金蛋""滚滚抢元宵""疯狂踩足球"等多种小游戏。

2022年5月20日，正值国际生物多样性日，熊猫频道推出了一款基于微信平台的H5互动小游戏，以游戏化、互动化的方式推进科普传播，以大熊猫作为中心视角，介绍包括金丝猴、扭角羚、雪豹等珍稀动物邻居的相关知识。

图 4-39 国际生物多样性日推出伞护物种主题的互动游戏

(图片来源：熊猫频道微信公众号)

结合大熊猫萌趣可爱的形象特点，很多熊猫粉丝和受众群体都在日常互动中反复强调对熊猫形象的喜爱，希望熊猫频道可以将大熊猫的形象进一步传播转化。因此，熊猫频道一方面在日常社交平台传播中加大对高清照片、gif动图等的传播力度，官网和应用中也设置了专门的"高清趣图"专区，供广大熊猫粉丝和受众群体自由采用、自主传播，极大地满足了受众参与熊猫传播的需求和期待。另一方面，熊猫频道更在慢直播素材和短视频传播的基础上，推出了一系列大熊猫主题表情包。

卡通熊猫形象系列表情包

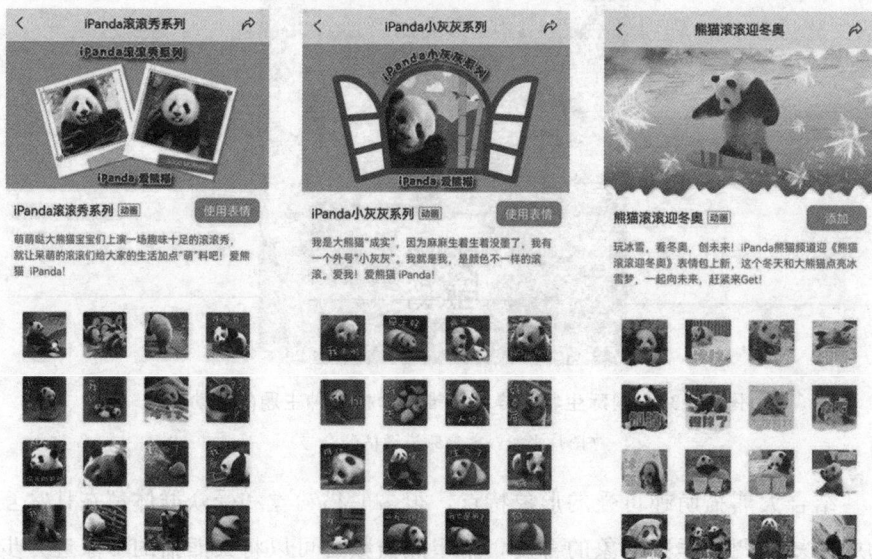

真实熊猫形象表情包

图 4-40　熊猫频道系列表情包

（图片来源：微信表情商店）

（三）跨域融合

早在 1980 年，中国国家环境科学协会和世界自然基金会（WWF）就签署了大熊猫研究保护的合作协议，其中明确指出："大熊猫不仅是中国人民的国宝，也是一项与全世界人类息息相关的珍贵自然遗产。它具有无与伦比的科学、经济与文化价值。"大熊猫文化研究学者和积极传播者孙前也指出："熊猫文化应是一种民族文化、世界文化、和谐文化。"①

基于对大熊猫文化的认知和认同，熊猫频道始终立足于大熊猫文化的传播弘扬，积极拓展传播领域，在传统的内容传播基础之上开辟出一条跨域融合的渠道路径，推出了一系列跨域融合的传播项目。例如，前文已经提及，熊猫频道通过与谷歌艺术与文化平台的跨域合作，面向全球受众推出了线上数字展览"熊猫的快乐生活"。谷歌艺术与文化平台（Google Arts & Culture）成立于 2011 年，作为一个非营利项目，已经与 80 多个国家和地区超过 1800 多家文化机构开展合作，旨在通过浸入式、引人入胜的在线图片、视频展览和新奇有趣的互动体验来帮助保护和传播全世界的文化艺术瑰宝、领略科学文化知识的魅力。长期以来，该平台积极与中国各大博物馆和文化机构联合推出数字艺术展览，让世界各地的用户可以随时随地、身临其境地感受源远流长、辉煌灿烂的中国历史文化。通过此次项目，熊猫频道成为首家与该平台合作进行线上展览的中国官方媒体。此外，熊猫频道还推出了其他跨域融合传播案例。

1. 熊猫艺术云空间

图 4-41 "大熊猫艺术云空间"主题网页
（图片来源：熊猫频道官方网站）

---

① 孙前：《大熊猫文化笔记》，五洲传播出版社，2009，第 276-277 页。

　　大熊猫作为一种自然原态的形象，承载着深厚的天然美学价值。因此，在大熊猫进入人类视野以来的漫长历史中，不断有中外艺术家将大熊猫作为艺术创作的灵感来源和原型形象。同时，结合大熊猫自身具备的自然和谐跨越文化的审美属性，使得大熊猫与艺术的结合成为一种全球性的融通话语空间。在此背景下，熊猫频道开设了"大熊猫艺术云空间"的主题专页，将大熊猫文化艺术相关的传播内容和活动资讯等统合到一起。其中，既包括"大熊猫文化艺术周"相关展演的资讯报道、艺术作品的网络展示，还有以文化艺术为主题的受众互动活动等。

2. 大熊猫线上文化艺术周

图 4-42　首届大熊猫线上文化艺术周

（图片来源：熊猫频道微博官方账号）

　　2021 年 5 月 31 日，由熊猫频道和成都大熊猫繁育研究基地联合策划的首届大熊猫线上文化艺术周正式上线。以"启航""创新""超越""闪耀"为主题的四个文化艺术周，持续一个月推出剧目、音乐、展览等形式的优秀大熊猫艺术作品。以"一起来做'熊猫艺术梦想家'，体会黑白艺术世界里的色彩斑斓！"为口号，吸引了大量艺术爱好者和熊猫粉丝群体的关注参与和积极互动。① 艺术周推出了一系列文化艺术作品，包括话剧《幻镜》、舞台剧《熊猫茶馆》、少儿音乐剧《熊猫童话》等，还有"我们的画室"大熊猫主题绘画作品征集等活动。

当世界按下暂停键（杨珂，中国）　　　　注意卫生（张明贤，越南）

勠力同心　　　　　　　　　　　Panda Yin and Yang
（Alexandra Serbanescu，罗马尼亚）　　（Vicky Kuan，加拿大）

图 4‑43　"我们的约定"熊猫主题艺术征集活动优秀作品
（图片来源：熊猫频道官方网站）

---

　　① 《首届大熊猫线上文化艺术周正式上线》，2021 年 6 月 8 日，熊猫频道网站：https://news.ipanda.com/2021/06/08/ARTIv0wRFpGH599dbzwqBQPd210608.shtml，访问时间：2023 年 5 月 30 日。

艺术创作也是熊猫频道和广大受众开展互动交流的一大重要方式。通过线上线下协同推进的作品征集、活动组织、互动参与，充分调动广大受众对熊猫的喜爱、对活动主题的参与，通过创新创意参与到大熊猫文化艺术的创作和传播当中。2020 年 5 月，熊猫频道和相关机构合作推出了"我们的约定——战'疫'主题大熊猫艺术品征集活动"，鼓励全球网友以大熊猫元素为创作核心，结合全球的疫情抗击背景，开展艺术创作。在一个月的征稿期内，主办方共收到来自中国、加拿大、英国、土耳其、韩国、马来西亚、罗马尼亚、印度尼西亚、越南等 13 个国家和地区的 220 余件投稿，包含刺绣、油画、摄影、漫画、装置艺术等艺术形式。最终，评选出的优秀作品通过熊猫频道进一步传播，赢得了全球受众的广泛关注。

（四）产业链条

以内容传播为基点，熊猫频道充分发挥了自身聚焦生态自然的特点，围绕"萌力值"爆表的大熊猫和生态保护区的大美风光展开系统的市场化产业链条开发。一方面结合高清视频、在线直播等优势技术，推出云上旅游系列产品，将自然生态之美、多样生物之美推送到受众眼前；另一方面延伸实体化产业环节，通过合作方式推出周边文创等突出粉丝属性的产品。

1. "云旅游"

疫情期间，熊猫频道推出了主题策划"不如去逛动物园"，带领受众共同游览全国各地有大熊猫的动物园，讲述发生在动物和饲养员身上的趣味故事以及动物相关科普知识。

2020 年夏天，熊猫频道以"暑期特别策划"的方式推出了第一期"不如去逛动物园"系列，以"探访各地动物园，关注出差大熊猫的生活近况，同时关注其他野生动物"为核心主旨，满足广大受众和熊猫粉丝足不出户逛遍动物园的愿望。通过"新生命的奇迹""动物如何过夏天""动物丰容计划""我和熊猫有个约会"等主题，带领广大受众通过镜头连线探访了广州动物园、深圳野生动物园、上海野生动物园、云南野生动物园、南宁动物园、济南野生动物世界和厦门灵玲国际马戏城动物王国等。

在此次暑期特别策划获得众多网友点赞欢迎的基础上，熊猫频道乘胜追击推出后续内容。2021 年春节期间，新一季"不如去逛动物园"上线。在原有内容形式的基础上，进一步升级为科普类真人纪实秀，邀请央视名嘴和动物专家出镜担当"导游"。春节期间上线后获得了海内外网友的热烈反响，总浏览量超 1838.6 万次，相关话题阅读量超 7980 万。

图 4-44 "不如去逛动物园" 2020 年暑期特别策划

（图片来源：熊猫频道微博官方账号）

  基于这一系列的成功，熊猫频道还系统提出了"云旅游"的概念，"当你到访一座城市，去博物馆是了解这座城市的文化历史底蕴，去动物园则是体味这座城市对于自然和生命的态度。"在此之后，熊猫频道还将继续推出"不如去逛动物园"系列，实现"全球动物园科普之旅"。

图 4－45　"不如去逛动物园" 2021 年春节特别策划

（图片来源：熊猫频道官方网站）

2. 衍生产品

在内容产品向文化产业化的发展过程中，基于核心 IP 推出实体化的衍生产品，是实现内容传播品牌化的一大重要路径和方法。尤其，大熊猫的形象本身具备了"萌"的属性，适宜于衍生产品的创意孵化。熊猫频道在受众调研和日常受众反馈中，都收到大量反馈称希望可以拥有自己的熊猫。基于市场需求的热烈呼声，熊猫频道通过和外部设计生产机构合作，推出大熊猫周边衍生产品。

图 4－46　熊猫频道与熊猫工厂合作推出液态熊猫崽崽

（图片来源：熊猫频道微信公众号）

2022 年 5 月，"摩点项目"上线，熊猫频道通过全平台开始推广一款由熊猫工厂设计的全球首款"液态"熊猫，并面向所有的熊猫粉丝预售。经过长期的细致调研，熊猫工厂和熊猫频道认为 1.5 月龄的熊猫崽崽是样态最萌、手感最好、最好 rua 的，于是以 1.5 月龄熊猫为原型，设计推出了 1∶1 比例的高度仿真熊崽玩偶。以这款熊崽玩偶的推出为契机，熊猫频道也结合各个社交平台的传播特点，推出了一系列以熊崽玩偶为核心的主题传播。以微博为例，熊猫频道以熊崽玩偶为主角，结合春日风光的场景，代入"上网课""打工人"等网络热梗，以♯人手一只熊猫的愿望可以实现了♯为主题，推出了一系列趣味横生的"熊猫崽崽 plog"。让这只熊崽玩偶不再仅仅是一个仿真玩具，而是和网络另一端的每一个"我"有着共同生活期待、相似情感体验的个体，和每个网友一样会在微博上晒出自己"春游""网课""上班"中的琐碎日常。这一方面很好地起到了对这款周边产品的推广促销作用，预售很快突破 100 万；另一方面也很好地契合了熊猫形象的整体传播设计，具有突出的"熊格"特点。

图 4-47 春游主题熊崽玩偶 plog

（图片来源：熊猫频道微博官方账号）

iPanda熊猫频道 ✔
05月05日 06:56 转赞人数超过500 来自 微博 weibo.com
熊猫崽崽来陪读是为了让你更专注，而不是为了让你俩抱一起睡得更舒服的！ 😴 ——熊猫崽崽提升计划
#熊猫崽崽plog#

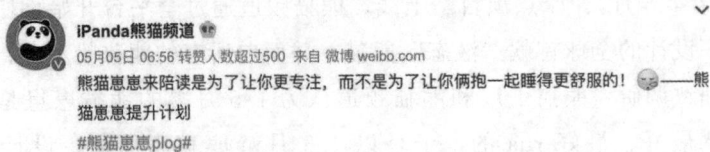

图 4 - 48 网课主题熊崽玩偶 plog

（图片来源：熊猫频道微博官方账号）

iPanda熊猫频道 ✔
04月30日 10:46 转赞人数超过400 来自 微博 weibo.com
今日工作心得：努力上班是为了准时下班！ 😄
📖办公室熊崽日志p1
#熊猫崽崽plog#

图 4 - 49 上班主题熊崽玩偶 plog

（图片来源：熊猫频道微博官方账号）

图 4‑49（续） 上班主题熊崽玩偶 plog

（图片来源：熊猫频道微博官方账号）

四、渠道建设

在总结了熊猫频道以慢直播、短视频为主体的内容传播，以技术应用、跨域创新为核心的融合传播的基础上，我们还要对熊猫频道在渠道建设方面的实践经验予以案例阐释。整体来看，熊猫频道首先以网络为基础，基于不同平台的特色持续深耕，以平台为切入点推进精准传播；通过积极开展国际合作，将线上线下传播机制有效延伸到不同国家，实现从内容到传播的主动出海；在运营层面切实实现"用户－粉丝"的思维转轨，通过建立粉丝集群促进传播通达、建立共识认同。

（一）平台深耕，精准传播

熊猫频道是央视网创新理念、倾力打造的国际化传播新媒体产品，基于新媒体的传播手段，以熊猫的日常生活和自然生态为核心内容资源，通过全媒体平台实现集直播、点播和交互传播为一体的跨业态传播。因而从创办之始，熊猫频道就注重以互联网为基础、以社交媒体为重点的传播平台建设。为了有效扩大传播力、影响力，增强用户吸引力、黏着度，熊猫频道在着力打造核心产品 ipanda.com 网站和 iPanda 移动应用的基础上，将社交媒体平台作为内容传播、用户引流的主要渠道。

熊猫频道在立项之初，就已经在微博、微信等主要国内社交媒体平台和脸书、优兔、推特等海外主流社交媒体平台建立了官方账号和专属页面，待熊猫频道正式上线时就开始同步发力。在规划和建设过程中，熊猫频道充分贯彻了由用户串联内容、平台和终端的融合理念，各个平台和终端发挥集群优势合力传播，体现了架构上的传播融合。基于此，熊猫频道将传统电视和网络社群媒体的传播特点充分结合，一经发布便获得国内外媒体和网民的广泛关注和好评。

基于不断的经验总结和创新开拓，目前熊猫频道已经基本完成了传播平台矩阵的初步建设，在国内主要头部传播平台，包括微博、微信（公众号、视频号）、哔哩哔哩、抖音、快手、知乎，均已形成了具有较高传播力和影响力的品牌账号。其中，微博官方账号的粉丝数量接近 1150 万，是国内社交传播的首要阵地。此外，熊猫频道还在百家号、企鹅号、美拍、一点、头条等传播平台，均开设了官方账号，同步推进内容传播，广泛覆盖不同群体的受众对象。

面向海外受众，熊猫频道形成了"先全球化、后本土化"的国际传播策略。首先通过主流社交媒体平台打开国际传播局面、形成自主传播品牌，在此基础上精准探析不同国家的媒介市场特点、不同文化背景受众的媒介使用习惯，通过地域性社交媒体平台深度推进本土化下沉。在海外社交传播的全球化阶段，针对脸书、推特、优兔、照片墙等头部国际社交媒体平台各自具有的平台属性和传播特点，生产相应的传播内容、采取相应的传播方案，扎实推进各个平台的账号运营和内容传播。例如，对脸书专页的定位主要是希望通过发布每日精彩内容吸引海外受众的广泛关注，形成海外推广的主打阵地；对于优兔频道，则主要搭建慢直播接入渠道、海量聚合多元内容短视频，全面呈现熊猫相关原创内容；而在 Z 世代年轻人聚集的照片墙，则专门推出了方形视频、竖版全屏即刻视频等特色内容，充分发挥平台趣味性和互动性的特色，大量吸引年轻群体的关注。

现阶段，熊猫频道已经基本实现了全球性社交传播平台的全面覆盖和深度扎根，在深耕现有年轻平台，如照片墙、TikTok 等的基础上，将根据市场情况持续推进本土化层面的平台布局，深度挖掘各个国家的本土性社交传播市场潜力，实现基于媒介市场通过平台渠道的精准传播深入推进。近几年内，熊猫频道已经在日本、俄罗斯和法国等熊猫粉丝众多、传播基础较好的国家实现了本土化社交传播平台的初步建设，选择的社交媒体 Niconico、VK 和 DailyMotion 都是上述国家广受欢迎的本土社交媒体平台。

（二）国际合作，主动出海

大熊猫不仅是中国的国宝，在国际范围内都是生态保护的标志性形象，世界自然基金会（WWF）等国际组织都以大熊猫作为机构标志。因而可以说，大熊猫本身就是重要的国际性、全球性传播资源。一直以来，熊猫频道都非常重视通过外部合作推进国际传播。

目前，熊猫频道开展的国际合作主要有两大类型：一是线下实体形式，可以简称"活动走出去"，即与国外机构合作，到海外去举办各种交流活动，通过实体互动提升关注度和喜爱度，扩大受众圈和认同度。二是线上传播形式，可以简称"内容走出去"，即通过平台合作打通渠道实现传播内容延伸海外，建设不同国家受众群体的社交媒体渠道多元传播，打造全球化内容、借助本土化渠道，实现从内容到渠道到效果全方位的传播走出去。

具体来说，传统渠道的"活动走出去"有不少取得很好效果的案例。2019 年 11 月，熊猫频道主办的"中法大熊猫文化周"在巴黎开幕。"文化周"围绕"大熊猫走向世界 150 周年"和"大熊猫及珍稀物种保护"主题，融合视频、展板、科普讲座、VR 视频展播、观众互动等多种形式进行展览，并连续 5 天面向法国大中小学生和热爱大熊猫、中国文化的民众，举办主题讲座共计 9 场；现场观众超过 1500 人次，"文化周"相关内容浏览量超过 4500 万次。

图 4 - 50　与当地教育机构合作举办"大熊猫科普课堂"

（图片来源：熊猫频道官方网站）

图 4-51　当地中学生参与 VR 体验与大熊猫"零距离"

（图片来源：熊猫频道官方网站）

在此次文化周活动中，法国当地民众可以通过大熊猫科普展览中丰富的图文和影像资料全景式了解大熊猫生态栖息地的保护、建设情况以及大熊猫走向世界的故事。现场的大熊猫直播和 VR 体验无疑是最受欢迎的环节，科技赋能大熊猫文化，让法国朋友足不出户就能看到万里之外成都各园区内憨态可掬的大熊猫，与萌宝滚滚"零距离"接触。

当前熊猫频道实现"内容走出去"的主要支撑机制就是"熊猫＋"媒体联盟计划。通过这一计划，熊猫频道积极搭建国际化的全媒体平台，探索创新传播手段，联合海内外媒体、世界珍稀动物保护组织、联合国相关机构，合力打造大熊猫文化传播项目，形成兼具覆盖面和渗透力的传播联盟。2021年 6 月 5 日"世界环境日"，熊猫频道与日本株式会社 DRAGONFILM 联合推出《中国·生态保护百年探寻》8 小时主题慢直播。此次主题慢直播通过日本最大的互联网平台 Niconico 落地播出，全程在直播页面首屏大图推荐，直播实时在线人数达到 1.8 万人以上，互动留言数超过 6000 条。根据此前公布的 Niconico 平台官方数据计算，该平台直播首页上当日平均每 20 个用户中就有 1 人观看了此次直播。此次直播受到日本网友广为称赞，在看到中国自然保护区的"绿水青山"之后，有日本网友感叹："中国果然是世界一流环境（好）的国家，真羡慕中国啊。"纷纷表达"真是个好地方啊，真想来体验一下！"的愿望。

（三）运营转轨，粉丝集群

作为面向海内外受众的国际新媒体平台，熊猫频道定位为大熊猫主题的网络平台，本身既是内容生产者，又是分发渠道。而从熊猫频道自身特点和受众群体来看，目前熊猫频道受众群体的垂直属性特别明显，广泛吸引了海内外最资深的熊猫迷和铁杆粉丝，这部分用户黏着程度高，并且乐于积极参与互动、贡献内容。在对这一受众特点有所了解的基础上，熊猫频道根据受众群体黏着性强、互动积极的特点，基于核心受众需求和传播特点，围绕"明星熊猫"打造了以"熊猫粉丝"为核心的社群生态。这一理念，系统地贯彻到了熊猫频道从内容建设到推广运营的全环节流程中。

从内容建设层面来看，熊猫频道着力打造以"明星熊猫"为中心的传播点阵，通过对大熊猫整体形象的拟人化建构，进而又为每只大熊猫赋予个性化的标签，塑造立体的"熊格"特点。熊猫频道每年对大熊猫产仔都会跟进详细的报道，每只大熊猫从出生开始的每一步成长都在熊猫频道受众的全程关注之下。熊猫频道还会通过每年的新生见面、入园仪式、生日聚会等，不断强化熊猫的个体身份。同时，熊猫频道通过科普内容"手把手"传授认猫技巧，为"明星熊猫"养成忠实粉丝。熊猫频道通过社交媒体平台发出的每一则视频，基本都加上了出镜熊猫的标签，为每一只熊猫建立属于自己的"超话""粉丝社群"。进入其中的熊猫粉丝可以在其中交流分享、联系互动，更多会在其中添加 UGC 内容。

图 4-52　人气大熊猫成实的微博超话页面

（图片来源：微博超话）

在熊猫传播形成粉丝社群的基本面之后，熊猫频道以"粉丝"为核心策划推出一系列集线下互动与线上传播为一体的项目，尤其是在"奇一抱大腿"等饲养员与大熊猫互动的短视频爆火之后，大量受众评论称熊猫饲养员是"世界上最幸福的工作"。受此启发，熊猫频道与成都大熊猫繁育研究基地发起了"全球首届大熊猫奶爸奶妈体验活动"。

2017年6月，体验活动招募开启，通过央视网PC端、移动应用、脸书、微博、微信等多终端多平台全面宣推，海内外总浏览量达2587万次，收到来自全球范围总计300余人的报名及原创视频，累计百万网友参与投票。最终，来自中国、美国、德国、墨西哥、泰国等横跨全球五大洲国家和地区的27名志愿者，于2018年2月8日相聚在成都。其中既有初入社会的"90后"，也有在校园象牙塔的"00后"。经过15天的集训式学习，通过四个阶段的考核和晋级，最终3位优胜者可以获得饲养员工作的资格。在体验活动展开的同时，熊猫频道也开始了对整个活动的全程拍摄，制作推出了全球首档大熊猫真人体验纪实公益纪录片《熊猫伴我行》。内容以熊猫生态为线索，以熊猫和人的故事为主线，包含"奶爸奶妈炼成记"和"挑战野保行"两大单元。

图4-53　《熊猫伴我行》真人体验纪实节目

(图片来源：熊猫频道官方网站)

《熊猫伴我行》开启了"纪录＋科普"的全新模式，系列内容在首播结束后即在海内外全平台收获超过3.4亿次总浏览量，视频播放量超过2647万次，互动量近32万次。其中，微博平台建立的"熊猫伴我行"话题获得累计阅读量1.8亿次，3次登上热门话题榜单前六名；脸书平台高度认可节目内容质量和公益影响力，以其官方名义给予重点推荐位宣传推广，仅脸书平台就有5条视频浏览量达到千万以上；知名公众号"传媒内参""广电独家"等均发表深度文章给予高度认同，上百家媒体对节目进行了报道。报道与评论纷纷指出，《熊猫伴我行》节目以大熊猫为媒介，以"润物细无声"

的方式讲述熊猫故事，充分展现了中国的生态之美、人文之美，在中国对外文化交流的沃土中播下了一颗种子，以中国好声音，赢得世界倾听，更加坚定了文化自信，向全世界传递出来自中国的快乐和友谊。

图 4-54 "我与中国的邂逅"主题征集活动

（图片来源：熊猫频道照片墙官方账号）

除继续推出"大熊猫奶爸奶妈体验活动"之外，熊猫频道还举办了"大熊猫线上艺术周""两岸大熊猫体验营"等活动。2020 年末到 2021 年春节季，以"我与中国的邂逅"（My Encounters With China）为主题，通过脸书、优兔、照片墙等海外主流社交平台为传播阵地，联动国家文化和旅游部海外文化中心、驻外旅游办事处和海外本土合作渠道，熊猫频道策划开展了围绕中国文化和文艺精品的全球性线上征集活动，既通过视频、图集、海报等多形式报道，还融合脸书平台 Canvas 全屏互动产品和移动直播等新的媒介形式，相关发布内容在海外社交平台总浏览量超过 2.5 亿次，总互动人次接近 153 万，活动共收到来自 40 多个国家的近 800 件优质作品和超过 150 万次网友互动。在熊猫频道的长期实践中，以粉丝为核心的融合传播运营模式，已经趋于成熟。

以大熊猫为媒，熊猫频道创办近 10 年的实践经验启示我们：在持续的技术更新和传播创新中，不断深化对于国际受众群体、国际传播市场、媒介传播趋势的认知和把握，持续推进以"慢直播—短视频"为核心的内容生产到传播运营的融合传播路径的整体搭建，可以为慢直播的融合传播形态、网络视听传播领域提供持续发展的动力，并且在更为广泛的意义上，在提升国际话语权、创新跨文化叙事方式、讲好中国故事的积极探索中，提供一种创新的思路视角和模式方案。

第二节　特殊聚焦——"两神山"建设

相比熊猫频道的全时段自然慢直播，央视频以"两神山"医院建设为聚焦的慢直播则更多是特殊时空背景下聚焦特殊情境，更是新冠疫情暴发初期重大突发事件融合报道的一个特例，凸显出慢直播这种新的媒介形态在特殊时期、重大议题当中的社会价值。而从慢直播自身的发展来看，"两神山"建设首次将慢直播从幕后推到台前，形成了一次牵动全国上下的"出圈"传播事件，不仅让慢直播为更多的受众知晓，更吸引了众多网友积极参与到传播过程中，充分发挥了慢直播作为融合传播形态的开放、交互等特性。

"两神山"能够形成传播爆款，除了疫情作为重大公共议题本身具有的显著性、切身性吸引了大量关注外，其所依托的技术平台和传播渠道也起到了重要作用。从平台建设到技术投入及至具体传播内容的上线，中央广播电视总台在融合传播领域的超前布局和创新应用，是促成慢直播突破性发展的根本原因。2019 年 11 月 20 日，中央广播电视总台正式推出上线了"央视频"5G 新媒体平台。央视频不仅是总台的新媒体旗舰平台，也是传统媒体向融媒体转型的一个范本。作为中央广播电视总台 5G 新媒体传播生态构建的重要实践，央视频坚持技术先行，推动内容优势转化，形成融合传播强劲势能，构成了此次慢直播破圈突围的实力基础。

图 4-55　央视频网络主页界面

（图片来源：央视频官方网站）

一、传播情况

2020 年初，武汉因新冠肺炎疫情"封城"，中央广播电视总台第一时间派出报道力量，将武汉抗疫一线的新闻事实传递给全国公众。其中，央视频也派出了融合报道人员，包括先进影像慢直播团队的成员。先进影像慢直播团队的前线记者们，携带着 VR 直播设备迅速抵达武汉，肩负着"利用先进影像手段，将武汉正在发生的人类历史上最伟大的抗疫之战，通过央视频平台向全球直播，向全球发出中国声音，向全世界展示中国力量"[①] 的重要任务。

2020 年 1 月 23 日下午，为了实现对疫情蔓延的有效控制，武汉决定参照 2003 年抗击"非典"期间的北京小汤山医院模式，集中建设一座专门医院——火神山医院。当天 22:00，由中建三局牵头的建设施工部门带着上百台挖掘机、推土机等施工机械紧急集合，连夜启动通宵推进场平、回填等施工作业。25 日下午，武汉疫情防控指挥部又在形势研判的基础上决定建设雷神山医院。两所专门医院的建设，从规划设计到完工交付的时间都只有 10 天。短短 10 天内，和疫情抢跑的施工过程，不仅是正当其时全国公众的关注焦点，更是世界瞩目的焦点。在抗击疫情的阻击战中，中国有多大决心和多少能力？一时之间集中在"两神山"医院的建设场景中。如火如荼的建设现场实时场景，也是当下最为牵动国人心弦、最能鼓舞国民士气的传播影像。

图 4 - 56　雷神山医院建设工地 VR 慢直播机位之一

（图片来源：央视频官方网站）

---

① 杨继红、姜华：《VR 慢直播的媒体价值和社会价值——央视频〈两神山建医院〉慢直播的实践和启示》，《传媒》2021 年第 12 期。

基于这样的敏锐判断，央视频让先进影像团队也立马投入紧张的工作进程中，随即开始在火神山和雷神山的建设工地架设慢直播镜头。1月27日晚20：00，央视频的专题新媒体互动产品《疫情24小时》正式上线，推出火神山、雷神山两座医院建设的高清慢直播，通过4路慢直播镜头对施工建设进程进行无解说、不加工、原生态的不间断直播。上线当天，观看人数即突破千万人次，深夜同时在线人数超过百万。短短一天时间，观看人数就突破了4000万。2月2日，央视频又进一步增加了VR全景直播机位，每一路都可以让用户在270度可视范围内自由移动观看，更加直观全面地展现施工现场。随之而来的是观看人数的指数级增长，到2月5日时，"云监工"报到人数已突破1亿，创造了一个新的纪录。

在整个武汉疫情前线报道期间，出于不增加武汉整体防控压力和安全因素的考量，总台对前线报道组的人员配置进行了大幅压缩，派往前线的每个团队成员都是一人多岗。央视频的先进影像更是如此，由4名工作人员组成的慢直播团队，承担了《疫情24小时》系列慢直播的全部工作任务。其间先后推出的火神山医院建设、雷神山医院建设、武大樱花、武汉重启等一系列VR慢直播，全部技术架设和内容播出的相关工作均由这个4人小组完成。其中，他们在"两神山"医院建设工地现场共架设7路慢直播镜头，持续117天里24小时不间断展现火神山、雷神山两家抗疫医院争分夺秒抓紧建设、救治病患的情况，向全网提供慢直播内容累计达到7700小时。

最终，《与疫情赛跑！见证火神山、雷神山医院崛起》系列慢直播累计吸引近1.7亿人次在线观看，同时在线观看人数峰值超过8500万，点赞数突破221万次，成为疫情报道中的现象级融合传播产品。与此同时，这也是VR慢直播首次介入重大突发事件报道，成为一次媒体融合传播的全新探索和成功范例。

二、内容特色

对于《疫情24小时》，尤其是《与疫情赛跑！见证火神山、雷神山医院崛起》系列慢直播，不论从慢直播本身带来的超高数据和公众反馈，还是后续引发业界、学界的关注热议，此次融合传播实践都达到了堪称典范的效应。

在内容呈现上，"两神山"建设慢直播凸显融合传播的属性。传播内容通过《疫情24小时》的专题H5页面和央视频客户端的主题窗口为载体呈现在公众面前，同时还融入了评论区留言打卡、加油助力等互动形态，以及特别增设了防疫相关功能模块。在《疫情 24 小时》H5 页面上，集慢直播内容与多元互动形式和实用的防疫功能为一体，设置有疫情数据、评论区、助力榜、最新动态、战疫一线、各界驰援、预防知识、疫情寻人共 8 个版块，及"我"见证、制作头像等互动功能，为网友提供一站式关注疫情信息、参与在线互动的媒介载体。

作为传播形态来说，"两神山"建设慢直播具有一些突出的特点，对于我们深入理解慢直播这种创新传播形态，以及积极探索慢直播的未来发展路径，都具有重要的启昭意义。

第一，"不生产"的内容生产。

在武汉抗疫的过程中，大量媒体传播内容都是基于记者深入现场开展的实地观察记录，包括采集到的影像、数据、信息等。"两神山"医院的建设，也在众多媒体的报道中得以细致阐释、全面展现。而慢直播的搭设，则不仅仅是将这一事实及其意义、价值等以视觉信息的形式传递，更是直接将正在进行中的"现场"作为内容主体呈现出来。在内容生产的过程中，媒体实际上进行的直接干预，或者说所谓的生产活动，是非常有限的。更多的工作实际上在内容产生之前就已经完成，包括技术设备的准备、搭设、调适等。而在真正的内容产出环节，工作人员需要做的就是监控和维护，保障信号的持续、稳定输出，后续的内容传播和意义生成则是自然而然水到渠成。可以说，慢直播是在常规内容生产活动的基础上"做减法"，用不直接干预内容的方式"不生产"实现内容的生成。

第二，"全传播"的传播模式。

整个"两神山"慢直播，从医院建设启动到正式投入使用，24 小时不间断的慢直播一共持续了 117 天，累计在线直播超过 6000 小时，完整记录了火神山医院、雷神山医院的建设全过程。以往的常规重大事件视频报道甚或直播报道，通常以特定场景、特定人物作为镜头聚焦，在传播过程中注重情节和场景的构建，讲究镜头语言的运用和画面的调度，进而形成整体的讲述性。而"两神山"慢直播则不同，机位搭建好之后，整个工地的远景画面就是整个直播过程中的主场景，谁入镜谁出画，谁在画面中居于什么位置、动线如何等，都不在慢直播的考量范围之内。一切都在镜头之中，一切都以自然样态呈现。网友通过屏幕接收到的，是鲜活的真实感，构成一种全部尽在其中的"全传播"传播模式。

第三，"深互动"式传受关系。

疫情的重大公共议题，全民"宅"家的特殊情境，让这次慢直播具备了吸引大量受众的可能性。对疫情信息的渴求、对防疫进程的关注、对居家生活的调剂、对正面情绪的需求，为广大受众积极参与到慢直播当中提供了动力。"疫情24小时"专区不仅设置了实时评论区，还增加了点亮爱心、制作头像、见证徽章、分享互动等按钮，增强受众参与度，吸引受众争当"云监工"。讨论区一时热闹非凡，脑洞大开的网友开发出诸多"玩法"，不仅有成语接龙，还有自发的两班倒打卡，更有起名大赛，现场各种忙碌的机器化身"叉酱""铲酱"，更有挖掘机"勤始皇"、电焊组"焊武帝"、水泥车"宋灰宗"、病房"白居易"等饱含传统文化意涵的名称涌现。基于网络慢直播和5G＋智能移动终端，"云监工"实现了人体的延伸，沉浸式、仪式性的深度互动，极大地满足了受众对重大公共事件的参与感。

第四，"深融合"性传播技术。

在归纳"两神山"慢直播在技术层面的"深融合"特点之前，有必要先明晰"两神山"慢直播的工作原理和技术过程。团队在现场架设多路传统2D直播设备和VR直播设备，通过5G网络信号传输至央视频移动网服务器，后端部署实体导播台和云导播台，进行信号切换并添加动态包装等，PGM信号通过CDN加速节点进行流量分发推送至央视频客户端平台。直播使用了支持数字宽动态、3D数字降噪、强光抑制、电子防抖、SmartIP的星光级网络高清高速智能摄像机，支持最高8K分辨率的VR慢直播摄像头。其中，VR直播采用8K超高清拍摄设备进行动态实时采集和编码输出，智能压缩画面补偿算法实现VR机内实时全局HDR，有效降低传输压力。在手机直播、安防摄像头、VR摄像头等多终端直播能力支撑的同时，采用5G＋CPE快速支撑前方复杂的直播环境，为保障直播争分夺秒。为提升直播的质量，实时监测、保障各层级系统性能，并建立基于性能数据的机器自动切换机制、直播前的链路节点优化机制，采用主备推流模式，到边缘节点再回到顶层节点，优化内部传输，加强直播流保障，确保清晰度及低延迟。针对重点直播链路进行24小时监控，多方位有效保障直播流通过网络的稳定性。接收到前方直播信号后，云端系统开始快速实时转码、添加水印等，通过云计算保障直播画面速度，高质量传递到用户面前。为实现"最后一公里"的顺利触达，央视频还部署了全国及海外上千个CDN加速节点进行流量分发，保障流畅的用户体验。

可以看到，相较之前对于重大新闻事件的报道方式，"两神山"慢直播不仅提供全景、中景和近景的画面，更有身临其境的全景 VR，极大地扩展了信息源视角，让受众可以全方位、多角度地获取信息。尤其是将 VR 技术应用到慢直播中，全景 VR 直播为受众带来 360 度全方位的宽广视角，为受众提供了身临其境的沉浸感，增强了受众的参与感。另外，限于前方的防疫管控，直播设备必须具有远程操控、远程监看、远程修正功能。为了能够实现最好的画面视觉效果，央视频武汉前方报道团队想尽各种办法协调直播机位，有的机位就架设在军队驻地的指挥部楼顶上，有的则设置在属地武警的营房上。这些特殊地点的机位，给全网用户提供了独一无二的慢直播视角，但同时也意味着 4 人小组没有办法经常抵近设备做调试和维护。远程操控、远程监看、远程修正，这些虚拟现实全景直播设备与生俱来的优势，也在这一次的直播任务中得以充分施展。

三、传播影响

作为一个传播产品，"两神山"慢直播一改以往慢直播弱化新闻性和事件性的特征，成为推进重大新闻事件报道解释说明的新手段。可以说，"两神山"在超大流量加持下，大大推动了慢直播自身的形态发展。更重要的是，"两神山"的成功，一举将慢直播这种新兴的传播形态推到前台，吸引了更多公众的关注，同时也带来了巨大的社会效益，实现了传播价值、用户价值、社会价值的多赢。[①]

首先从传播数据来看，自"两神山"慢直播上线以来，央视频的观看量接近 2 亿人次，"云监工""叉酱""挖掘机天团"等众多热议语汇屡屡登上社交媒体热搜榜单。在"两神山"系列慢直播推动下，央视频各项运营数据不断创下历史新高，在 2020 年 2 月初苹果应用市场总榜和娱乐榜排行中双双问鼎首位。央视频在新浪微博设置的"疫情 24 小时"话题，阅读量达 3.8 亿次，讨论超过 6 万，♯网络包工头♯、♯无聊又睡不着看直播造医院♯等相关话题阅读量都成为破亿出圈的爆款，"云监工"还入选了"2020 年度网络十大热词"。

其次从传播生态来说，"两神山"是慢直播首次介入重大突发事件报道，

---

① 人民网研究院：《2020 内容科技应用典型案例：央视频〈疫情 24 小时〉慢直播产品》，2021 年 6 月 10 日，http://yjy.people.com.cn/n1/2021/0610/c244560－32127852.html，访问时间：2023 年 5 月 30 日。

改变了传统直播和舆论引导的语态。而这种媒体融合传播的全新探索，引发了国内外媒体大规模长时间的关注报道，旋即也成了国内学界的焦点议题，学界研究的新课题。基于"两神山"的成功经验，央视频后续又乘胜出击继续推进慢直播的应用，包括 VR 直播武汉大学樱花大道石碑、美国驻成都总领事馆关闭实况全程慢直播等，多次引发网友观看热潮。慢直播已经逐渐成为一种成熟的传播形态，进入融合传播的媒体生态当中。

最后从社会影响来说，"两神山"系列慢直播在国内受众群中实现了情绪纾解和情感认同的正向推动，在国外受众群中形成了提升认知、增加信任的积极作用。

在国内，"两神山"很快吸引大量网友关注，受众评价称观看慢直播可以"舒缓解压"。根据美国社会心理学家马斯洛的观点，人类的需求可以分为生理需求、安全需求、爱和归属感、尊重及自我实现。其中，对于安全感、爱和归属感的需求，是人寄托情绪的主要需求。深处疫情之中，人们普遍充满了焦虑、恐慌、紧张、悲伤、担忧等负面情绪，而保持社交距离的必须要求也使得诉诸其他途径消解负面情绪的可能性受到限制。在慢直播搭建的虚拟空间里，大家身处"同时"的联结性构成了归属感，"云监工"的同时也是"云陪伴"。与此同时，在个人情绪纾解的过程中，强烈的属于民族和文化的情感认同也在迅速发酵。在见证"两神山"医院建设的过程中，大家齐齐赞叹"中国速度"、钦佩"中国责任"、感慨"抗疫精神"，一种基于实时与事实的情感认同油然而生，并且在彼此的信息交互和反馈回响中不断强化和升华。知名传播学者丹尼尔·戴扬和伊莱·卡茨在《媒介事件：历史的现场直播》一书中，提出了"媒介事件"的概念，进而指出："经由媒体事先策划、观众仪式性参与的重大历史事件的电视直播，有助于强化社会成员所共享和认可的情感方式、行为方式和价值理念。"[①] 可以说，慢直播，尤其是重大主题事件类的慢直播，在本质上是一个强化受众身份认同感、建构共同行为方式和价值理念的媒介事件。[②]

在国际上，"两神山"也引发了各国媒体的关注和热议，在很大程度上扭转了国际社会对于中国抗疫的认知和评价。在疫情暴发初期，关于"中国

---

① 董天策、郭毅、梁辰曦、何旭：《"媒介事件"的概念建构及其流变》，《新闻与传播研究》2017 年第 10 期。

② 邵的湾：《慢直播：未来网络直播的生力军》，《中国广播电视学刊》2020 年第 8 期。

病毒""武汉病毒"的各种说法充斥着网络，以欧美为主导的国际舆论整体上对中国的疫情状况呈负面偏向，对中国的抗疫举措也多持怀疑、诘责甚至抨击的消极态度。这样的局面随着"两神山"慢直播在海外社交媒体平台上线，开始逐渐松动并很快发生反转。通过 CGTN 的海外社交媒体账号，很快在优兔、推特等全球性的传播渠道引爆国际舆论，观看量和讨论度都一路飙升。英语世界有一句谚语，"眼见为实"（Seeing is believing），最直接的实时画面全视角、全方位地展示，让各国网友不禁惊叹中国在面对如此重大突发公共事件时的信息公开度和决策执行力，尤其是坚决维护人民生命健康安全的决心和信心。除了总台多语种多媒体平台持续推送慢直播链接、播发综述评论外，众多境外媒体也很快加入了热切关注并跟踪报道"两神山"的建设进程，更进一步将千万国人通宵达旦、轮班以继的"云监工"作为报道的热点聚焦。除了关注中国对疫情的反应速度，国际上也更进一步从这场网络奇观中看到中国政府对于每一个生命的重视，以及国人的理解、配合和相互鼓励，形成了全国一体、勠力同心的凝聚力。截至 1 月 31 日，相关慢直播内容被英国广播公司（BBC）、美国有线电视新闻网（CNN）等 45 个国家和地区的 495 家电视台（频道）选用，累计报道播出近 1200 次。同时，该慢直播画面还多次被世界卫生组织总干事谭德塞等国际重要组织和个人引用，在海外社交媒体平台也引发了转发和评论的热潮。有媒体评论称，24 小时不间断慢直播公开、透明地展现了中国政府负责任的大国形象，不仅保护了中国人民，同时也保护了世界人民。[1]

第三节　全面开花——多元慢直播

从熊猫频道创立到"两神山"火爆出圈，慢直播这种全新的视觉传播形态已经完成了从创新开拓到日臻成熟的初步发展阶段，开始走向更为多元、多样的常态化发展阶段。近年来，越来越多的慢直播样态相继出现，在百花齐放的融合传播春景中各美其美。

一、自然慢直播

到目前为止，相对来说应用更广、更为常见的慢直播样态，依然是以自然

---

[1] 《中国新闻奖媒体融合奖项参评作品推荐 疫情 24 小时》，2021 年 10 月 29 日，中国记协网：http://www.zgjx.cn/2021－10/29/c_1310267776.htm，访问时间：2023 年 5 月 30 日。

景观为主题的自然慢直播。尤其，慢直播这种传播形态本身的传播特点——自然舒缓的节奏，给人带来松弛自在的感觉——非常符合受众对自然景观类传播内容的心理需求，也很快受到了文旅行业的青睐。全国各地的景区、动物园纷纷上线自己的慢直播，"云观景""云探店"以及"云吸猫""云撸宝"都成为文旅宣传的全新法宝。

自然景区推出慢直播在"两神山"爆火之前就已有先例，之后则进入如火如荼的蓬勃发展阶段。近年更是在全国各地的旅游景区中兴起了一股慢直播热潮，搭建5G、VR技术等提升旅游供给质量，通过VR慢直播景区风光，让游客在未能身临其境时也能通过线上渠道欣赏到旅游地的实时美景。在2020年国庆黄金周期间，央视频结合"5G＋4K＋无人机"技术正式上线对湖北境内五大著名景区的超高清慢直播。慢直播镜头对准了武汉黄鹤楼、两江四岸，宜昌三峡大坝截流园、中堡岛，十堰武当山金顶、南岩宫，恩施大峡谷小楼门南天门、一炷香，神农架神农顶、大九湖，涵括了湖北省内最精华的景点。除此之外，跟随着慢直播的镜头，全国人民不仅相聚云端一起看过武汉樱花、观过钱塘江潮，还上过珠峰、下过九寨沟，以及其他众多省市的诸多风光盛景。

图 4－57　慢直播看珠峰

（图片来源：人民直播官方账号）

在众多自然慢直播中，总台推出的《秘境之眼》更是独树一帜，在中国的生态文明传播中承担了重要功能。《秘境之眼》由中央广播电视总台与国家林业和草原局合作推出，是全球唯一一档原生态野生动物的视频全媒体节目形态。依托于中国遍布各地的上万个自然保护地，《秘境之眼》以布设在其中的红外相机和远程摄像头为基础，将这些镜头拍摄下的珍贵野生动物呈现在节目内容中。在慢直播自然拍摄的基础上，通过长、短纪录片的形式，用原生态、无加工、有情节的故事把受众带入到人迹罕至的秘境之地，赴一场人与野生动物"不被打扰的相逢"之约。通过这只"眼"，鲜活呈现绿水青山中的多样生物，近距离感受野生动物的生存状态，学术性和专业性的内容融于形象化表述之中，集趣味性和知识性于一体，给受众带来视听享受的同时也带来了丰富的知识给养。

图 4-58 央视频《秘境之眼》主页

（图片来源：央视频 App）

《秘境之眼》的传播特色，可以概括为以下几点：

第一，推出首个呈现最多样的中国自然保护地、最多的中国野生动物物种、最丰富的中国野生动物活动的节目。自 2019 年 1 月 1 日起，《秘境之眼》大屏节目在 CCTV－1 每日 18：54 黄金时段首播。截至 2022 年底，已制作播出大屏电视节目 1434 期，涵盖 300 余个保护地、270 余个物种独特而精彩的行为故事。最高收视率 1.05，全天总触达超过 6.76 亿人。2022 年上半年平均收视率位居中短纪录片收视第一，大屏触达率达 45.9 亿人次。栏目整体提质升级，编排贴合重点事件。2022 年国庆期间，围绕"国家公园设立一周年"这一主题，打造国家公园系列专题，收视率较之前增长 30％。2022 年 8 月中旬开始，《秘境之眼》节目同时也在 CCTV－4 的 13：00 和 17：00 两个时段播出，目前已播出 70 多集，用可亲可爱的中国野生动物形象同时向海外讲述中国生态文明的故事，取得了很好的传播效果。

第二，打造最多首创、最全形态的野生动物全媒体集群。该节目通过融媒体传播矩阵进行全媒体推广，以开放式的制作方式，根据平台不同属性、用户不同阅读习惯制作发布各平台定制化内容，结合热点进行推送，在微博、微信、秒拍等新媒体平台分发内容，累计覆盖人数超过 3.6 亿。通过海阔天空地发挥创意巧思，央视频主题化制作了集趣味性与可看性于一体的"乐在秘境"；讲述让人动情的野生动物故事的"爱在秘境"；小朋友们把自己对动物之爱用画笔画出了"童画秘境"；用一只名叫猴想的猕猴和其他保护区视频通话的方式介绍保护区及其动物的"猴想看世界"；用动物剪影制作了"猜猜我是谁"；为了让用户记住濒危野生动物而制作了"我也有名片了"，等等。2022 年，央视频平台发布各类原创内容 16294 条，从 2019 年至 2022 年底，共发布各类原创内容 65644 条，总播放量超 3185 万次。

第三，首次将 VR 技术与野生动物相结合，让用户用惊奇视角看动物。该节目充分利用 VR 拍摄手段，将野生动物全方位展现在观众面前，以一个立体的角度，多层次展现自然生态和珍贵野生动物的生活。拍摄保护地自然风光、珍稀动物等珍贵影像，给观众带来不同于以往节目的新体验，为观众呈现出身临其境的视觉享受。《秘境之眼》团队深入大熊猫国家公园拍摄野生大熊猫的生活环境及伴生动物；到神农架国家公园体制试点区人迹罕至的密林里拍摄金丝猴的独特故事；到麋鹿保护中心近距离拍摄快要野外灭绝的麋鹿族群；到西双版纳以第一视角讲述濒危的亚洲象族群的温馨生活；到距北京最近的北京松山国家级自然保护区，拍摄豹猫、斑羚等动物的生活环境；深入陕西朱鹮生活的山林之中，与世界共享朱鹮保护区的"朱鹮保护模式"，展现让世界瞩目的朱鹮保护成效。同时，针对暑期推出特别策划，在央视频平台上线"秘境VR之眼"活动，共播出 84 期节目。上线首日，仅"秘境 VR 之眼｜我叫七仔，今年 11 岁了，是位小哥哥哦"在央视频平台播放量就达 20 余万次。

第四，首创野生动物慢直播展示我国生态之美。该节目先后推出"来广西，看中国特有的'小机灵'白头叶猴""一起守望新疆乌伦古河流域的珍宝河狸""来会泽，与鹤共舞""一起见证大澳湾'海底生物宝库'珊瑚成长""来云南德宏，看美丽犀鸟""山西沁源，鹭舞水泉""来西双版纳看亚洲象，象宝宝带你嗨""水鸟乐园——福田红树林""来重庆金佛山，看野生动物黑叶猴""我和神农架有个约会，动物天堂""碧水丹山，生物之窗——武夷山"共计 11 路系列慢直播，通过在野外布设的多个摄像头，全方位、24 小时展示全国各地保护区生态现状。仅"来广西，看中国特有的'小机灵'白头叶猴"慢直播观看人数就已达 133.33 万人次（截至 2022 年底数据）。

第五，首创用野生动物慢直播助力外宣。"来广西，看中国特有的'小机灵'白头叶猴"和"一起守望新疆乌伦古河流域的珍宝河狸"24 小时慢直播信号在脸书上 3 个海外账号 China Plus News、China Plus America、China Plus South Africa 播出，引发世界范围对我国特有、世界极度濒危物种白头叶猴和"古脊椎动物活化石"河狸的关注，通过直播画面的实时呈现，真实、客观地体现了我国生态文明建设的最新成效。尤其新疆地处祖国西部边陲，河狸悠然自得的生活也是此地安静祥和的一个符号，河狸慢直播成为友好大使，展示出新疆的社会稳定、生态文明，助力新疆外宣形成强大的正能量"势场"，发出中国声音，提升国际传播力，增强国家文化软实力。

第六，首创每年国际生物多样性日开展点赞活动，依托点赞活动变成开放的生态保护大课堂。活动横跨 5 月 22 日国际生物多样性日、6 月 5 日世界环境日、6 月 8 日世界海洋日，开展大小屏融媒体互动宣传，用户通过扫描电视画面二维码或在微信、微博、央视频点击链接，为自己支持的精彩影像"点赞"。2021 年首次邀请保护区管理局局长"代言"，活动共获得486608755 次点赞，2022 年点赞活动更是覆盖全国各地 12 个省份，触达100 个县市。各保护地以点赞活动为契机，覆盖了"城区＋乡村""广场＋市场""学校＋社区""乡镇＋机关""抖音＋网络"的多方位、多形式全媒体矩阵生态保护宣传局面，取得了很好的宣传效果。①

通过多首创、多原创、多形态、多新技术应用形成的《秘境之眼》全媒

---

① 注：相关数据和信息来自《秘境之眼》节目组。

体矩阵，整合利用传统媒体的直播优势与新媒体信息智能化、高速率、碎片化的传播特点，将"生态文明建设"宣传与"野生动物保护"内容深度融合，形成较大的社会影响力和国际传播力，受到自然爱好者、青少年儿童、保护领域工作者的普遍关注，也极大程度鼓励了基层保护工作者的积极性，让全世界看到了我国生态保护工作取得的巨大成就，全面提振了生态保护工作的信心。

二、城市慢直播

在引发广泛关注之后，更多不同层级的传播主体开始加入慢直播的行列中来，城市逐渐成为慢直播的主力军。诸多省市乃至地市级融媒体机构，都逐渐发现了慢直播的价值，通过开设多种多样的慢直播，搭建展示城市形象、传播城市文化的平台。以城市为主体的慢直播，主要有两种形式：其一是聚焦特定景观的城市景观慢直播，其二是以人文为关注点的城市生活慢直播。

所谓城市景观慢直播，通常是由城市的地方媒体或者融媒体传播机构，选择特定的城市地标景观，设置高清慢直播机位，经由"5G＋4K"的技术加持，实现慢直播的搭建。此类慢直播是当前较为常见的慢直播形态，很多城市都加入了城市景观慢直播的行列。例如，由南京广播电视集团推出的"Live南京"城市直播频道，于2020年9月28日正式上线，以"全力打造动态城市新名片，催生新型消费，赋能城市高质量发展，进一步提升城市活力、彰显城市特色、传播城市文化"为目标，打出了"轻触指尖感受城市律动，足不出户领略城市变迁"的口号。目前，"Live南京"城市直播已经架设了数十个直播点，并且还在不断增加，以期形成覆盖全市主要景点和地标建筑，形成超过百个点位的直播矩阵。

图 4-59 "Live南京"城市直播矩阵

(图片来源：南京广播电视集团网站)

在常规慢直播的基础上，"Live 南京"更进一步，将多种融合传播形态和线上线下互动有机结合，集城市政务传播、文化传播与商业推广为一体，打造了一个具有景区慢直播、景点线下直播、直播带货、政务直播、活动营销、商务推广、文化推广等丰富功能的综合传播平台，并且通过登陆学习强国、抖音、快手、微信视频号、我的南京 App、牛咔视频 App、紫金山新闻 App 等多个平台，实现了拓展覆盖、延伸引流，基于慢直播制作推出的精品短视频也经常荣登央视频、新华社客户端、人民网客户端等央级新媒体的首页。①

图 4 - 60 "Live 南京"慢直播
(图片来源：南京广播电视集团网站)

除南京之外，还有杭州的"云尚杭州"②、深圳的"24 小时最美深圳"③、青岛的"实景青岛"④ 等，还有上海各个主要区都有自己的视频号开设慢直播，如"上海徐汇"把慢直播设置在江水静流、船只往来的徐汇滨

---

① "Live 南京"相关信息来自：《上新了！左手湖光，右手山色！》，2021 年 7 月 6 日，腾讯网：https://new.qq.com/rain/a/20210706A08LP100，访问时间：2022 年 11 月 20 日。

② "云尚杭州"相关信息来自：《"云尚杭州"上线，华数传媒发力城市慢直播》，2021 年 2 月 18 日，搜狐网：https://www.sohu.com/a/451277076_205496，访问时间：2022 年 11 月 20 日。

③ "24 小时最美深圳"相关信息来自：《深圳多"野"！万鸟齐飞灯火绚烂，这场慢直播奏响迎春交响曲》，2023 年 1 月 25 日，深圳新闻网：https://www.sznews.com/news/content/2023-01/25/content_30045633.htm，访问时间：2023 年 3 月 10 日。

④ "实景青岛"相关信息来自：《直播中国，青岛此刻！爱青岛登上央视！》，2021 年 5 月 3 日，青岛网络广播电视台：http://news.qtv.com.cn/system/2021/05/03/015736878.shtml，访问时间：2023 年 3 月 10 日。

江，而"上海普陀"则把视角对准了拆迁现场，随时开启"云监工"让公众可以"妥妥看"。① 这些都是较有特色的城市慢直播品牌，很好地起到了展示城市形象、塑造城市气质、提升城市魅力的作用。

图 4-61 "云尚杭州"慢直播

（图片来源："云尚杭州"慢直播网络界面）

图 4-62 "24 小时最美深圳"慢直播

（图片来源："24 小时最美深圳"慢直播网络界面）

---

① "上海徐汇"相关信息来自：《徐汇融媒滨江慢直播丨感受生活脉动 共赏四时风景》，2023 年 4 月 4 日，上观新闻：https://sghexport.shobserver.com/html/baijiahao/2023/04/04/996811.html，访问时间：2023 年 5 月 30 日；"上海普陀"相关信息来自：《"妥妥看"慢直播带你一起"云监工"华东最高"煤气包"拆除过程》，2022 年 7 月 12 日，上观新闻：https://sghexport.shobserver.com/html/baijiahao/2022/07/12/795484.html，访问时间：2023 年 5 月 30 日。

图 4-63 "实景青岛"慢直播

（图片来源：青岛网络广播电视台网站）

图 4-64 "上海徐汇"慢直播

（图片来源：上海徐汇微信公众号）

　　此外，还有多个省市联动的慢直播形态。例如，2022 年五一小长假之前，深圳、济南、广州、武汉、沈阳、成都、南京、西安、杭州、青岛十个城市联动，推出了一场从东西到南北、从华北平原到南海之滨的云游之旅。

　　另外一大类城市慢直播，则是把镜头聚焦在城市烟火中的人，一个城市的风景美则美矣，而在其中的人才是一座城市的神和魂。通过慢直播的镜头，把一座座大小城市中的人展现出来，他们的生活状态和精神面貌，是城市鲜活的生气和命脉。其中，既有人来人往车水马龙的川流不息，也有非遗艺人埋头做工的默默无闻。有些是特地搭设的慢直播镜头，也有不少直接将城市天眼的监控画面呈现出来。尽管监控画面往往技术有限，画质、稳定性都远远不及专门搭设的慢直播高清镜头，但也正因如此，更加展现出人世百态的真实感。这类慢直播，往往实时观看人数不是很多。但是在慢直播素材积累的基础上，进一步生成的大量短视频，由于具有特定的环境、明确的人物和清晰的情节，往往能够吸引更多的关注，呈现未经设计、不加修饰的人间真实。

图 4-65 十城联动慢直播

（图片来源：读特客户端）

三、氛围慢直播

在长视频网站和短视频社交媒体平台上，涌现了一大批以慢直播为基础样态的传播内容形式，主要特色是没有情节、不讲故事，甚至没有特定的主题，仅仅是通过网络空间营造一种联结和同在的氛围，让每个慢直播的观看者能够深度沉浸，在这种特定氛围中获得所需。对于这类慢直播，可以概括统称为"氛围慢直播"。在这方面，Z世代年轻人聚集的哔哩哔哩颇有自己的特色。

2022年5月27日，哔哩哔哩试水推出了一场以"深夜陪伴"为题的慢直播，悄悄在微信视频上线，当天直播观看人数就达到了10万。随后，这档名为《午夜点歌台》的慢直播节目正式上线，每个周五22：40，哔哩哔哩会在站内、微博、视频号开启跨平台联播的慢直播，每期持续一个多小时直到午夜。这场慢直播的视觉场景极其简单，固定机位、固定画面，没有主播出镜、没有背景人声，只有一个简单的桌面，摆着一个老式机械磁带播放机、一个正在播放的磁带外盒、两个卡通手办。每当一首歌播放结束，仅仅作为功能性出场的"主播"会以手入画，轻轻调换磁带重启播放。打开磁带舱、按下播放键的环境声音，是音乐间隙的唯一环境音。除了持续不断滚动的磁带轴，整个画面都趋于静态，只有音乐随着时间缓缓流动。播放的大多是1990年到2000年的流行音乐，并且特地选取了其中较为舒缓柔美的歌曲，契合"失眠夜，听老歌"的栏目主题。不少听众在评论区里留言："感觉回到了无忧无虑的少年时代。"

失眠夜，听老歌！B站午夜点歌台让记忆中的旋律陪你入眠

▶ 51.7万　☰ 1257　🕐 2022-05-28 19:05:00　🛡 未经作者授权，禁止转载

图 4－66　哔哩哔哩推出《午夜点歌台》音乐慢直播

（图片来源：哔哩哔哩网站《午夜点歌台》专页）

与此同时，哔哩哔哩还上线了《枕边诗社》《城市兜风》《全宇宙陪你入眠》等一系列"深夜陪伴直播"。其中，《枕边诗社》以诗歌为核心，设定了"陪你寻找生活中的诗意，让诗歌伴你入眠"的主题，每周一、三、五22:40在站内、微博、视频号联动开播。众多知名诗人的优美诗篇，如聂鲁达的《我喜欢你是寂静的》、莎士比亚的《我可否将你比作夏日的一天?》等，都被选录其中。在悠扬音乐的伴随下，欣赏诗歌创造的意境之美。《城市兜风》以城、车和音乐为主题，每周一、三、五22:40在站内、微博和视频号开播，打造"穿越城市，陪你入梦"的慢直播主题。以车行前进的流动视角为画面，将镜头机位固定在车前，随着汽车不急不缓的行进，城市街道的景观自然入镜又逐渐退出。配合着节奏明快、轻松舒缓的音乐，观者随着慢直播的画面，穿行在武汉、广州、厦门、长沙等城市的午夜街头，在车水马龙、万家灯火中放空头脑、放松心情。在音乐播放的间隙，行车加速车轮碾过路面的声音自然流露，代入感和沉浸感更加突出。《全宇宙陪你入眠》则直接把视角拉到了太空，打出"把一整天的心事都抛到外太空，让整个宇宙陪你入眠"的口号。慢直播的镜头画面固定在航天飞行器的一隅，视觉随着飞行器在无穷的宇宙中缓缓漂移，俯瞰蔚蓝的地球。偶然一闪而过，可以看到某片海域的反射或者来自极地的瑰丽弧光。有网友留言称："电脑端把鼠标放在视频左边，从左到右划过去可以体验一下超快速绕地球一周的感觉。"还有其他网友回复说："从右到左就是时光倒流!"

图4-67　哔哩哔哩推出《全宇宙陪你入眠》太空慢直播

（图片来源：哔哩哔哩网站《全宇宙陪你入眠》专页）

哔哩哔哩网站官方给此类慢直播内容精准定位为"长线助眠项目",很好地抓住了此类慢直播的功能特点。同时,其深度结合哔哩哔哩的特点,充分发挥了视频社交网站入驻博主众多,并且在各自专属领域已经拥有大量粉丝的优势。上述慢直播专题,都是 B 站官方联合站内特定领域的博主联合推出。音乐博主担纲音乐主题慢直播,声音博主主持诗歌主题慢直播,太空科普博主推出太空主题慢直播。

另外,从这些博主的加入也可以看到,基于哔哩哔哩、抖音、快手等视频传播类社交媒体平台,越来越多的个体传播者带着自己的 UGC 内容开始进入慢直播的主体范畴当中,为慢直播的功能属性和传播样态都带来了新的活力。作为一种新的媒介形态,慢直播也更加深入地嵌入社会生活,用新的联结方式丰富了我们的社会生活图景。在个体博主自己开设的慢直播中,各种各样的网络自习室和学习慢直播构成了一大景观。众多考研、考公、法考、司考等各种考试的学子,在网络空间虚拟相聚、云端相伴,通过设定学习目标、制定时间规则等方式,达成虚拟空间的约定,进入共同学习的虚拟身体在场。

图 4 - 68　哔哩哔哩个人博主"小菜鸟也想当大魔王"的学习慢直播

(图片来源:哔哩哔哩网站"小菜鸟也想当大魔王"博主慢直播页面)

四、事件慢直播

在上述以呈现自然、传播城市和营造氛围为主的常规慢直播形态之外,还有不少因事而播的临时性慢直播,可以笼统称为事件慢直播。我们略举一例,予以说明。

根据联合国发布的《世界人口展望 2022》报告预估,世界人口将在

2022年11月15日达到80亿。为此,联合国将这一天设立为"80亿人口日",还特地开设了80亿人口日的专题网站,在网站页面上设置了一个倒计时,倒计时在11月15日0时数字归零,意味着"80亿人口日"正式到来。在人类发展具有重大里程碑意义的这一天,国内外众多媒体机构和传播平台,纷纷开设了自己的24小时慢直播,将80亿人口日这天的世界人口增长动态呈现在世人面前,让全世界有机会共同见证这一历史时刻。屏幕上不断变化的人口数据信息,附上实时滚动的相关背景信息,构成了多数慢直播的视觉画面。无论中外,不分语种,世界各国的网民都在各自的大屏小屏上见证了数字跳到80亿的那一刻,一种超越了地理空间和文化心理的共同仪式感,在全球范围内瞬时凝聚。

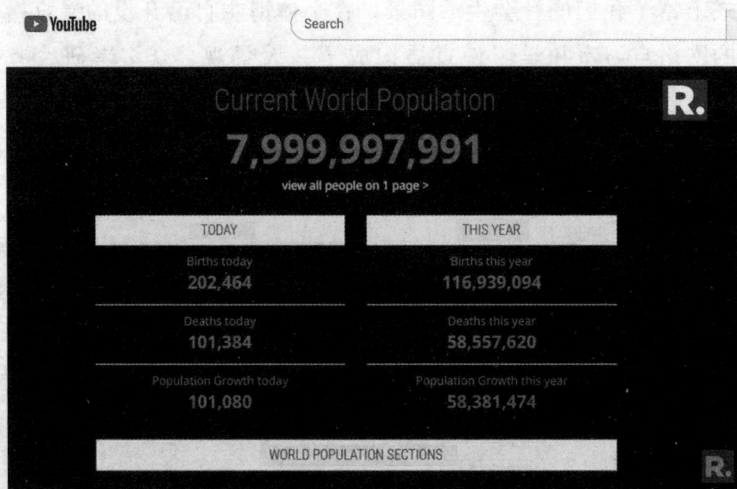

图 4 - 69　优兔 80 亿人口日慢直播

(图片来源:油管网站)

第五章　作为创新路径的慢直播

作为一种视频传播形态，慢直播不局限于特定内容题材，也不依赖于叙事剪辑的技巧，不需要遵从特定的创作法则，更多在于对场景的自然呈现、对过程的人文叙述。反过来看，慢直播的内容形态较为特殊，注定是一种小众的内容传播产品，不仅因为关注人群本身的体量大小，同时更因为当代人的日常生活特点决定受众较少能够长时间关注慢直播类内容，因而慢直播能够产生的直接传播效应相对有限。为了避免慢直播沦为昙花一现的风向潮流，同时进一步提升慢直播的传播效应，除了将其作为单独的内容产品，我们更要注重将慢直播作为视频内容再生产的重要素材资源平台来重点建设。

第一节　作为元内容的慢直播

在"直播"的实时状态下，慢直播的一次传播，或者说直接效应，已经基本完成。当前快速消费为主的信息环境中，"慢"是稀缺品，甚至是"奢侈品"。正如英国罗汉普顿大学教授苏珊·格林伯在阐释"慢新闻"概念时提出的，"慢传播形态的传播内容是高端产品，而慢不仅仅指向时间，慢的目的是为了质量。"[1] 作为一种高品质的内容生产素材资源，慢直播的地位日益显著。随着受众对传播内容的要求越来越多元，优质素材资源的需求缺口也在不断扩大，慢直播作为传播生产"元内容"的意义就越发凸显。其不仅可以为媒体主导的主体内容生产（PGC）提供源源不断的素材资源，同时还可以推动用户参与实现共创型生产（PUGC），重塑内容生产的流程机制，增强受众的主体参与和交互体验。

第一，从主体内生产来说，慢直播是媒体构建传播内容融合生产的初始

---

① 彭增军：《慢新闻：回归还是反叛》，《新闻记者》2018 年第 11 期。

产品和素材资源。从"元内容"的视角出发，对慢直播的持续投入和着力提升势在必行。在媒体机构主导的主体内容生产过程中，首先要着重提升慢直播的自身品质，打造作为传播产品和素材资源两重属性上都有品质的内容。这就需要在以下两个方面加大力度：一是以主题资源的深度开发不断推出优质内容，二是以综合技术的创新应用持续提升视觉体验。

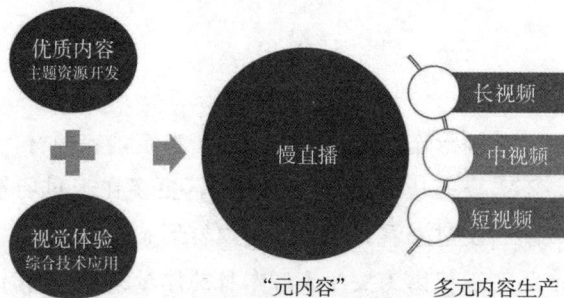

图 5 - 1　作为"元内容"的慢直播①

就主题资源的开发来说，很长一段时间以来，慢直播在内容上主题相对较为集中，主要是自然风光、工艺制作等具有较高画面体验感的题材。总台旗下的熊猫频道和"秘境之眼"，基本上也是以自然生态为主题领域的慢直播内容为主。随着 5G 信息通信技术的发展，多数场景下的长时间连续直播已经能够实现，慢直播也开始应用到移动新闻直播领域。凸显真实性和临场感的特点，让慢直播的传播形态很好地契合了重大事件活动、突发灾难事故等事件性新闻的报道原则，围绕特定事件的主题性慢直播也越来越多。基于慢直播的传播特点和媒介特性，除了深挖现有垂直领域的内容以外，还有很多可供进一步拓展的主题领域，"独特"的自然景观、"厚重"的人文体验、"精深"的专业领域，都是慢直播"元内容"的丰富宝藏。

在多元主题开掘的前提下，如何用更好的技术手段实现更好的视觉体验是慢直播持续发展的动力来源。技术变革为内容传播提供了永久在线、永久连接的可能性，慢直播的出现可以充分释放受众的在线和连接需求。5G 的高速率低损耗传输、AI 的沉浸式体验、4K/8K 的高清细节等，都为慢直播的内容质量和用户体验带来了大幅的提升。目前，央视频等视听传播旗舰平

---

① 长视频、中视频属于媒体内容生产中的常规内容形态范畴，纪录片、影视作品等大多属于长视频范畴。近年篇幅时长相对适中的中视频也逐渐兴起，强调以 30 分钟左右的内容体量讲述相对完整的故事，在提升内容质量和叙事逻辑的同时，也符合受众中程消费场景的内容需求。

台已经在技术应用方面做出了开创性的工作，基于"5G＋光纤双千兆"网络、传感器、全景摄像头及无人机等技术应用而推出的一系列慢直播产品，全方位延展了受众的感知体验与时空认知。接下来，央视频将通过在传播技术领域的前瞻布局，持续推动高清制播、人工智能、虚拟技术、用户数据等领域技术的创新开发和应用转化，构建慢直播为基础的一体化融合生产模式。

第二，通过鼓励用户参与实现共创型生产，推动媒体内容生产模式的转向，实现多元主体共建的"跨媒体叙事"。直播作为传播的初始形式，呈现的是一种转瞬即逝的"当下感"，而这种当下通常是属于少数的，只有少数受众能够参与到实时的直播传播过程中，因此必须要通过记录形成进一步制作和传播的素材基础。在内容消费端，慢直播作为一块"背景板"，往往能够引起受众的思维活动，联系自身经验进而赋予内容意义和故事。有学者称之为传播内容的叙事化（narrativization）过程，是否出现取决于受众对声音和图像的参与程度。对于大多数受众来说，慢直播的魅力正在于，无明显意图的传播内容赋予他们更大的话语权，可以选择观看什么以及如何观看，能够调动想象力和自身经验对画面中的事物编码、解码，以及形成符合自己喜好的叙事版本，乃至进一步予以二次传播。因此可以说，慢直播的传播形态，在本质属性上就具备了鼓励用户参与的内容特质。

在社交传播成为信息传播主导路径的背景下，很多媒体都已将用户自生产内容纳入了媒体内容生产的流程改造当中，并且提出了"参与式新闻""众包新闻"等概念。这类以新闻为主的内容生产模式依托于新媒体，由公众在线索提供、资料收集、观点剖析、写作编辑等环节不同程度的参与进而完成。与此类似，还有公众参与内容生产的项目资金筹集，进而形成的"众筹新闻"。可以说，上述这些内容生产方式实际上都是在将受众/用户的主动性纳入生产程序的基础上，实现对媒体内容生产机制的调整。国内很多媒体，包括澎湃新闻、梨视频等，都是通过类似方式扩大内容生产范畴。因而有学者提出了PUGC的概念，即专业媒体与用户共同参与的内容生产机制。反观目前多数媒体的相关内容生产机制，基本上都是通过对平台渠道的开源来实现。在新闻生产中，用户的参与主要集中在内容生产的前端环节，并没有太多涉及内容生产的实质性环节。而在短视频等快消传播内容的生产中，则是专业媒体并未涉及内容本身，主要是在终端环节对内容产品的呈现和鉴别有所介入。以慢直播为"元内容"的生产模式，可以推动实现真正意义上的共创型生产（PUGC）。

所谓共创，指由媒体机构与分布于不同平台之中的原生用户共同参与实现内容生产，在提升内容品质的同时能够增强用户黏性、拓展传播渠道，并且可以起到增加交互体验和社会信任的作用。在慢直播传播形态下，媒体注重在一次传播过程中对受众即时反应的收集采纳，结合主动设置的征集、招募等多种形式的活动，将受众充分纳入内容生产的全环节当中，搭建内容生产的"开放厨房"。

正如彭兰在对未来新闻生产的描述中提出的，以用户为中心的时代将重塑新闻生产和消费模式。作为"元内容"的慢直播，在媒体主导的主体内容生产中，可以在不断发掘主题资源的过程中拓展优质内容，结合综合技术应用实现视觉呈现的不断优化。同时，通过搭建"开放厨房"激活用户全程参与，实现从 PGC 到 PUGC 的共创型内容生产，推动一体化融合生产模式的构建。

可以看到，以熊猫频道为代表，由央视网主流媒体机构为基础搭建平台打造推出的一系列慢直播，正是这样通过短视频内容在各大社交媒体网络的广泛传播中全面开花，进一步形成了量级化的传播力和影响力。在此过程中，主流媒体在技术和内容层面的大量投入和大胆创新，加之社交传播平台的主动靠拢、积极合作，使得慢直播与短视频的汇流趋势进一步明晰，一条"慢直播—短视频"的内容生产系统路径模式也初见模型。

第二节 "慢直播—短视频"生产路径

短视频已经成为当前传播的主流内容形态。作为一种重要的传播内容形态，如何充分发挥短视频灵活高效、跨域汇流的传播优势，同时又能消除"脚本"有限带来的叙事困境而提升内容质量？成为媒体有效提升传播效能面临的重要问题。对此，本书提出了以慢直播"元内容"为素材基础，推进短视频内容生产的"真实叙事"融合传播，进而形成"慢直播—短视频"的多元内容生产路径。

一、慢直播与短视频的关系

从传播实践的角度来看，慢直播可以被视为一种内容类型，也可以被认为是一种媒介手段，最终落到融媒体传播的产品形态上来。一方面就传播方式来说，作为一种特殊的直播样态，慢直播与快直播之间有着诸多差异；另一方面从传播内容来看，慢直播更是一种特殊的内容形态，与当前日渐成为内容领域主导的短视频之间有着更为复杂的关系。二者既有本质属性上的差别点，又在逻辑基底上具有相对、转化并且进一步联动实现传播效应扩散和强化的关联点。

作为两种不同的内容形态，慢直播与短视频的差别可以概括为：前者是记录和呈现，而后者是选择和建构。具体来说，二者在内容层面的差别体现在主题、画面、场景和叙事四个方面。

表 5-1 慢直播与短视频在内容形态层面的比较

内容形态	慢直播	短视频
	记录与呈现	选择和建构
主题	无明确主题	有明确主题
画面	无技巧应用	有技巧应用
场景	自然态	虚拟态
叙事	无叙事结构	有叙事结构

第一，有无明确主题。慢直播没有明确的主题，或者说主题不是慢直播组织传播内容的核心因素。而短视频的内容生产，必须建立在一定的主题基础之上，并且要在内容的组织、传播的过程中实现对主题的强化和突出。

第二，有无技巧应用。正如前文所述，慢直播是一种"原生态"的内容形态，因此在画面的呈现方式上凸显自然本原的特性，没有任何技巧的干预。相反，短视频则出于对"故事"或"情节"的建构需求，需要精心设计画面语言，采用相应的技巧。

第三，自然态与虚拟态。在慢直播内容中，通过事先设定的机位和有限的视角范围，呈现的是自然态的场景，符合取法自然的原则。而短视频中的场景，不论是通过制景手段搭建的场景，抑或是基于对光线、实物等的特定选择和立意调整而实现的再造场景，基本都属于虚拟态的设定性场景。前者的场景呈现在于自然本身，后者的场景呈现则立足于典型性的构建。

第四，有无叙事结构。从传播内容的整体架构来说，短视频通常是一个完整的叙事，即便是一个碎片化的情节片段，也能够实现一定的叙事建构。而在慢直播中，通常是自然叙事乃至无叙事的内容，不存在结构性、符号化的传播要素。

就传受关系来说，慢直播与短视频的差别主要体现为：前者长于开放交互，而后者优于随时随地。具体来看，二者在传受关系方面的差别可以从观看场景、意义生成、文本空间和交互方式四个维度展开讨论。

表 5-2　慢直播与短视频在传受关系层面的比较

传受关系	慢直播	短视频
	开放交互	随时随地
观看场景	整体性	碎片化
意义生成	非界定性	界定性
文本空间	开放性	封闭性
交互方式	实时交互	反馈交互

观看场景：整体性与碎片化。在观看的过程中，慢直播与受众之间的关系是整体性的，重在营建一种由传播内容和传播受众共同构成的氛围感。而对于短视频来说，受众往往使用的动词是"刷"，形象表述了短视频观看场景的特点，"刷"的快速和便捷是碎片化在短视频观看场景层面的具体表现。

意义生成：非界定性与界定性。意义生成的界定，指传播内容的意义由谁来界定，是内容的生产者还是观看者。在这一点上，由于慢直播是一种自然态的呈现，因而在传播的意义层面留给观者更多的阐释空间。而短视频则基于内容的主题框架和叙事结构，往往留给观者非常有限的阐释空间。在这个基础上，慢直播是非界定性而短视频是界定性的。

文本空间：开放性与封闭性。从根本上来说，慢直播是一种建基于网络技术的融合传播产品，而非一种通过既定架构完成的生产性内容。因此，慢直播的文本空间是开放的，允许任何主体在此基础上发挥自主性的二次开发，而衍生的内容与慢直播之间不需要有特定关联。而短视频提供的则是一个相对的封闭性文本空间，二次开发创作的空间有限，常见通过类仿方式实现，但是还需要谨慎区别版权的界限。

交互方式：实时交互与反馈交互。就直播和视频的传播方式本身来看，就存在着交互方式的差别。直播是典型的交互行为激励型的传播内容样态，无论是与传播主体、传播内容的交互，还是与其他受众之间的交互，都可以实现即时的反馈和即时的讨论，这种实时交互本身即可以对受众形成行为激励。而短视频等视频传播形态，交互往往是通过反馈实现，是否会有回应以及回应的时效都是没有保证的。

综上所述，慢直播与短视频之间的差别已经一目了然，但是作为两种截然不同的内容形态，二者之间又有着相对、转化，进而实现联动的关联性。

源流基础

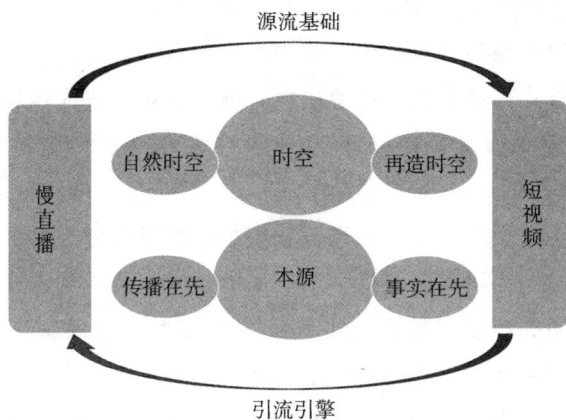

引流引擎

图 5 - 2　慢直播与短视频的相对与转化

慢直播与短视频二者之间的相对关系，首先体现在时空关系的相对性，即慢直播属于自然时空，而短视频属于再造时空。受众在开始观看这一行为时，慢直播受众是接入了此时此刻的自然时间流当中，短视频受众则是打开了特定时空甚或去时空化的再造时空当中。进而，二者在本源层面上也具有相对性，即先有事实还是先有传播的区别。慢直播是先有传播，事实是在传播的关照下自然展开，而短视频则是先有事实，传播是因为事实而形成。因此，慢直播呈现的是自然事件，短视频呈现的是媒介事件，二者共同构成传播与事实的一体两面。

基于二者之间的相对，可以在实践层面实现二者之间的转化。一方面，慢直播可以作为短视频的源流基础，在实时直播积累的大量画面素材、交互议题的基础上，形成进一步的短视频生产和传播。尤其是实时交互可以产生大量的叙事脚本，源于受众主体性的议题更容易切中受众的关注。反过来，短视频可以成为慢直播的引流引擎，尤其是在平台的算法机制下实现的精准推送加持下，可以实现高频度、广覆盖的高效传播，为慢直播实现有效的引流，提升慢直播的知名度和品牌度。

如前所述，慢直播与短视频之间存在着源流基础与流量引擎之间的传播动能转化关系。可以说，从本质上来看，慢直播并非单纯指速度时效的减慢，根本在于对传播内容的流程再造，通过提升视频内容在生产－传播过程的开放性、包容性、合作性和延展性，打造一个内容上"从慢直播到短视

183

频"而传播上"由短视频到慢直播"的全链条传播体系。

二、"慢直播—短视频"叙事转化

在当前的短视频传播生态中，在内容层面存在着突出的质量问题。短视频的质量问题首先体现在视觉体验层面，或者说是技术应用和技巧水平方面的不足。随着近年移动传播技术和设备的成熟以及相应技巧的普及，在 UGC 内容繁荣的同时，新的 OGC（Occupationally-generated Content，职业生产内容）也大量进入传媒市场，张同学、李子柒之类的个人博主和专业博主纷纷出圈，画面语言、拍摄手法层面的技术已经得到深度普及，短视频在视觉体验层面的质量问题已经得到了大大缓解。然而叙事层面的质量问题，反而在短视频量化生产的趋势中愈演愈烈。

在短视频生产中，居于核心地位的是"脚本"，也即故事或叙事。而当前短视频生产中依托的大量叙事，都是基于脚本创作形成的"伪事件"。学者丹尼尔·布尔斯廷在 1961 年发表的《图像：美国伪事件指南》一书中提出了"伪事件"的概念，即新闻媒体出于报道需要而刻意安排的事件。道格拉斯·凯尔纳在《媒体奇观——当代美国社会文化透视》中的论述，鲍德里亚提出的仿真理论，也都注意到媒介出于传播需要而积极制造事件的现象。另一位知名学者韦伯也指出，依托于科层制的传播业作为新自由主义经济的组成部分，呈现出全球化、同质化、匿名化、模式化、流水线式生产的特征，大量生产适应市场和机构需要的"伪事件"。在短视频传播领域，"伪事件"充斥导致的重复、超量甚至冗余，成为内容质量受到质疑的最主要问题。在真实故事有限的前提下，大量生产出来的"脚本"填充短视频内容的"量贩"生产流程，部分所谓扣住"流量密码"的脚本更是大行其道。大量制式化生产出来的短视频内容，在短时间内能够汇聚流量形成网红效应，然而在更广范围内实际上反会使得受众对于此类量贩式的短视频产品累积疲劳。

作为一种独特的内容形态，慢直播的内容特点即在于"真实"，按照现实时空情境还原的完整真实感，是受众关注并且喜欢慢直播内容的根本原因。在慢直播内容的实时传播过程中，受众正是在自然进程中发掘自我的叙事解读，并且通过实时的弹幕、社群交互形成群体间共鸣，进而形成受众与慢直播之间的叙事共创和情境互构。这样的叙事情境往往是基于真实原态产生出来，其中叙事的主体是受众，是由受众在同慢直播内容以及其他慢直播受众之间的实时交互过程中自然延伸出来的。而基于慢直播的短视频生产，正是要将这种偶然的、自发的、随机的、瞬间的叙事凝固下来，作为短视频生产的叙事蓝本。在熊猫频道的国际传播历程中，首个在海外社交媒体平台破圈突围的爆款是一则57秒长的"奇一抱大腿"短视频，发布48小时播放量就超过5亿，一个星期突破10亿。除了熊猫自带的萌感与特定情节的喜感，熊猫与人的互动也让众多慢直播受众产生了强烈的代入感和情感呼应。在慢直播的过程中，众多受众的实时围观和热烈讨论很快吸引到频道工作人员的注意，进而发掘了这一重要的叙事领域。在后续的短视频内容生产中，熊猫频道也有专门侧重于这类叙事的重点发掘，"Nanny"（奶爸奶妈，代指饲养员）便成为熊猫频道短视频的高频关键词。

在这个从慢直播到短视频的再生产和二次传播的过程中，实际上经过了一个由弱叙事甚至无叙事的传播内容逐渐叙事化的过程，将原生态、自然态的慢直播转换为突出故事性、情节性的短视频，并且在对短视频内容文本的转化过程中充分结合了慢直播一次传播中获得的受众反馈。正因如此，慢直播的受众更容易成为慢直播内容衍生短视频的忠实受众，也更容易进一步扩散延伸吸引更多的受众。在此过程中，受众在内容生产过程中的主体性和参与感得到充分发挥，交互体验突出，情绪传播充分。在慢直播初始状态完成一次传播的过程中，短视频的内容生产已经做好了叙事化的准备过程。相较于慢直播内容几近零加工的自然属性，短视频可以充分发挥技术属性和平台特色进行综合性的多元内容生产。

三、"慢直播—短视频"多元生产

由慢直播出发，经由短视频为基础的内容综合开发，可以实现集真实、再现真实、虚拟真实及超真实为一体的全场景内容生产。

场景，原指戏剧和影视表演中由特定时空和人物关系所构成的具体场面。随着网络技术的变革和移动媒体的发展，场景逐渐演变为一个综合概念，其释义逐步由单纯的空间偏向转为描述人与周围景物的关系的总和。[①]在终端融合的时代下，场景的开发应用是媒体转型成败的关键。场景的价值在移动互联时代背景下构建着新的传播体系和传受关系，演进颠覆意义的新

---

① 许晓婷：《场景理论：移动互联网时代的连接变革》，《今传媒》2016年第8期。

的"关系赋权"。① 在短视频内容生产中,对于场景的考量包括两个层面的意义:一指传播场景,即内容如何呈现的问题;二指消费场景,即内容怎样被消费的问题。

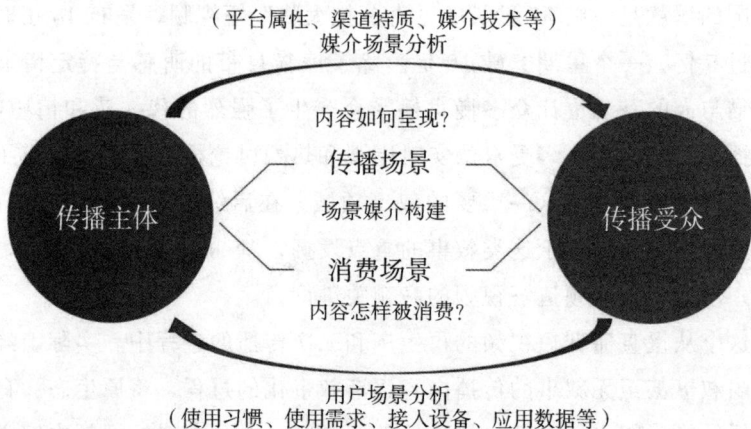

（平台属性、渠道特质、媒介技术等）
媒介场景分析

内容如何呈现?
传播场景
场景媒介构建
消费场景
内容怎样被消费?

传播主体

传播受众

用户场景分析
（使用习惯、使用需求、接入设备、应用数据等）

图 5-3　基于短视频的全场景内容生产

从传播场景的视角来说,对场景的媒介构建,正是为了更好地进行内容传播,去强化媒体产品的内容核心竞争力。根据梅罗维茨提出的媒介场景理论,场景不仅包括物理和心理场景,还包括媒介创造的信息场景。② 可以说,场景的媒介构建指向的正是信息场景。对于信息场景的建构,可以从传播实现的平台属性和渠道特质出发,以及对相应媒介技术的应用实现。从信息场景出发,将内容的生产深度嵌入所属的平台、渠道当中,充分发挥媒介技术的传播潜能。正如凯文·凯利在《必然》一书中所述:"我们已经成为屏之民,屏幕构成了新的媒介生态系统。"③ 以熊猫频道的实践经验来说,熊猫频道在广泛拓展平台、搭建多元传播渠道的基础上,针对不同平台渠道的属性特点,推出不同形式的传播内容。例如,在年轻网民中最受欢迎的照片墙（Instagram）,深度结合平台推出的新兴功能,推出了方形视频、竖版全屏即刻视频等特色内容,充分发挥趣味性和互动性的平台特色,大量吸引年轻群体的关注。日本的 Niconico 是广受欢迎的社群性质流媒体视频网站,

① 陶美婧:《场景传播:移动互联时代媒体转型新思路》,《今传媒》2021 年第 2 期。
② 约书亚·梅罗维茨:《消失的地域:电子媒介对社会行为的影响》,肖志军译,清华大学出版社,2002。
③ 凯文·凯利:《必然》,周峰、董理、金阳译,电子工业出版社,2016,第 92—93 页。

其推出的"生放送"网络视频专题从很早之前就开始对中国的重大新闻事件进行主题直播，诸如春晚、阅兵乃至两会等。熊猫频道针对 Niconico 的平台特性，积极主动出击，通过与日本媒体机构的合作在 Niconico 推出了长达 8 小时的主题慢直播《中国·生态保护百年探寻》，成功吸引了大量国际受众的关注，当日平均每 20 个用户就有 1 人实时观看了这次直播。可以看到，以平台、渠道和技术为核心考量要素的传播场景分析，目的在于对内容形态的多元生产，超越内容呈现的横屏－竖屏、大屏－小屏区隔，实现跨媒介的传播效应最大化。

从消费场景的构建来说，考量的核心要素是人，也即媒介的用户。基于移动传播技术的发展，用户可以随时随地进行内容消费。因此，内容消费时所处"何时何地"，构成传播内容的消费场景。这里的场景，既指向时空属性也指向情感属性，即梅罗维茨媒介场景论中所提出的物理场景和心理场景。在《即将到来的场景时代》一书中，作者提出互联网和智能媒体所营造的场景，究其根本在于为用户个体营造前所未有的在场感和沉浸感，并且提出了"场景五力"作为考察场景构建的要素，包括移动设备、大数据、传感器、社交媒体和定位系统。[①] 基于场景五力，可以对围绕用户展开的消费场景构建路径予以详细阐述——以移动设备为载体，利用定位系统获知即时方位，通过平台采集用户的内容消费行为大数据，经由传感器获取与输出，中枢管理平台对数据进行精细分析并绘制用户画像，并且结合定位系统提供的位置服务（Location Based Services，LBS）实现用户与所在环境的场景共融。其中的核心是数据的循环流动，在实现场景的终端适配基础上，营建用户体验的在场感和沉浸感。换句话说，用户场景分析的最终目标就是要提供特定场景下的适配信息与服务。以熊猫频道来说，针对国际社交媒体平台优兔定位 Z 世代为主的用户群体及其使用习惯，首批试用最新推出的超短视频功能，高效适配核心用户群体的消费场景。内容推出后，Z 世代 13 岁到 17 岁人群数值迅速攀升至最高，同比增长超过 30 倍。

综上所述，在慢直播素材资源基础上的短视频内容开发生产，必须是深度关照传播场景和消费场景基础上的全场景内容生产。在现有短视频内容形态的基础上，通过充分激活短视频生产范畴的 PUGC 潜能，通过创意众筹、

---

① 罗伯特·斯考伯、谢尔·伊斯雷尔：《即将到来的场景时代》，赵乾坤、周宝曜译，北京联合出版公司，2014，第 1 章。

内容众包、开源共创等方式实现短视频内容生产的多元化，进一步推动资讯化、交互化和游戏化的内容形态生产。

第三节 基于慢直播的融合传播

通过在传播技术领域的前瞻布局，我们可以持续推动高清制播、人工智能、虚拟技术、用户数据等领域技术的创新开发和应用转化，构建以慢直播为基础的一体化融合生产模式。

本文提出一套建立"慢直播—短视频"融合传播的模式方案，即：从顶层设计入手，持续推进五个环节——资源—内容+平台+渠道+服务，扎根融合传播的媒体生态体系建设，构建媒体深度融合的全媒体生产传播体系，打造全产业链的全球化新型传媒机构。

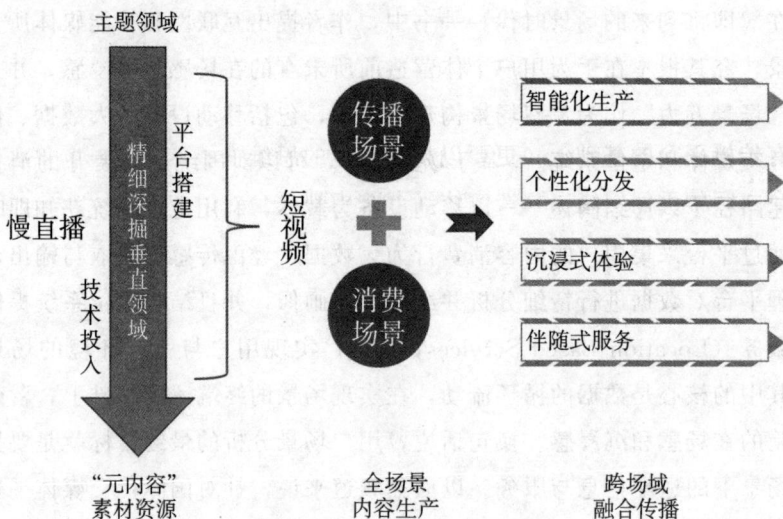

图 5-4 "慢直播—短视频"融合传播路径

一、资源开发："元内容"建设

当前的传播，不断在内容—形式—业态以及传受—产消关系等环节跨界，媒体的深度融合传播要求传媒机构必须要跳出传统的内容生产思维。如何在传播泛化的传播生态中找到不断实现内容创新、传播创新的根本动力？需要"元内容"资源能够源源不断为传播提供符合、贴近受众需求的"叙事"和叙事化文本空间。从作为资源的"元内容"出发,通过对"元内容"的领域拓展和深度开发,最终实现"元内容"基础上的核心品牌体系,进而构成"内容+平台+渠道+服务"的全媒体产业体系。

二、内容转化:全场景生产

基于"元内容"资源,传播内容的深度开发生产务须建立在深度关照传播场景和消费场景的基础上,实现全场景化的内容生产。在现有多种样态传播内容生产的基础上,通过充分激活多元主体的主动性、参与性,通过创意众筹、内容众包、开源共创等方式实现PUGC式内容生产的多源化、多样化,进一步推动资讯化、交互化和服务性的内容生产。

三、平台搭建:跨平台矩阵

深植于全媒体的深度融合发展理念,从建设"全程媒体、全息媒体、全员媒体、全效媒体"的战略目标出发,传播的平台建设已经远远超出传统上以媒体机构为核心、以传播覆盖为考量的"基础建设"路径范畴。在建设维护自有传播平台的基础上,更要以超越平台的思维视域,联通自有平台与外部平台之间的无间网络,打造实体平台与虚拟平台的一体融通;充分借助国家(杭州)短视频基地带来的"航母级"传媒产业平台效应,形成超越现有传播平台的综合平台搭建,实现跨平台的矩阵机制。

四、渠道拓展:"粉丝"网络化

进入网络传播时代,传受关系经历了从受众到用户的转向。到了融合传播时代,用户在传播过程中的主体性和参与性得到进一步释放,进一步升级为以品牌认同为基础的"粉丝"。从传播的接受视角来看,当前的融合传播集中体现为以"粉丝"为中心的社交传播点阵网络,传播者与"粉丝"都是其中的传播节点,每个"粉丝"在作为传播对象的同时也是传播的主体和渠道。在此背景下,传播的渠道拓展务必是从"粉丝"思维出发,以"粉丝"运维的方式实现节点式的网络化渠道拓展,打通融合传播深入人心的"最后一公里"。

五、服务模式:交互与共建

目前国内外同行以及学界业界均认为,媒介融合的发展前景基本是从传播内容生产者向以资讯为核心的综合服务提供者转化。在融合传播背景下，基于新型传受关系的转变，构建传媒品牌的吸引力和满意度，根本即在于立足受众建立系统的服务模式。通过传受交互推动包括内容在内的 PU 共建传播生态，推动全产业链布局下的全媒体综合服务体系建设。

结　语　面向融合未来的慢直播

　　美国媒介学者菲斯克在《电视文化》一书中提出，电视是意义与快乐的承载体和激励体，而文化则是这些意义与快乐在社会中的生成与传播，进而声称："电视是一种文化，是使社会结构在一个不断生产和再生产的过程中得以维系的社会动力的重要组成部分。而意义、大众娱乐和传播就是这一社会结构最基本的组成部分。"[①] 正是在电视文化的推动下，催生了"图像革命"——即一个以图画、漫画、招贴和广告构成的符号世界。媒介学者普遍认为，"图像革命"是对传统印刷符号和书籍文化的一场颠覆性革命，将原来的理念世界改造成为光速一样快的画像和影像世界。

　　而互联网的到来，则进一步带动了这场革命的发展。正如美国学者马克·波斯特以《第二媒介时代》来昭彰的观点，互联网的出现成为第一媒介时代与第二媒介时代的分水岭。[②] 互联网时代的新一轮图像革命，不仅在行进的速度上大大提升，更重要的是在迈向的路径上有了新的变化。数字时代的"图像"衍生出新的意义和范畴，在理念世界与图像世界的基础上，不断创新衍化出真实世界与虚拟世界，以及真实与虚拟叠加的超真实世界。媒介环境学派大师麦克卢汉曾经下过一个论断："媒介是社会发展的基本动力，也是区分不同社会形态的标志。每一种新媒介的产生与应用，都宣告我们进入一个新的时代。"[③] 当今，我们已经来到了全新的融合时代。新的融合时代，需要新的融合传播。

　　从慢电影的艺术表达形态，到慢电视的节目制作手法，再到依托于互联网传播技术的慢直播。可以说，慢直播是脱胎于互联网技术、诞生在融合传

---

　　① 约翰·菲斯克：《电视文化》，祁阿红、张鲲译，商务印书馆，2005，第24页。

　　② 马克·波斯特：《第二媒介时代》，范静哗译，南京大学出版社，2005，第18页。

　　③ 保罗·莱文森：《数字麦克卢汉——信息化新纪元指南》，何道宽译，社会科学文献出版社，2001，第12页。

播时代的新型传播形态。经过近 20 年的快速发展，如今的慢直播已经不再是隶属于传统电视节目的形式分类，而是完全独立存在的一种新型融媒体产品。这体现在慢直播不仅是作为内容存在，更显示了其作为公共信息空间、交互舆论场域、情感关系社交等功能的总和。在众多融媒体产品中，慢直播的成本相对较低，而可拓展性、可延伸性则更大。搭建慢直播的技术越来越成熟，网络传输成本也会越来越低，不需要专门生产制作的过程性参与，可以大量减少人工成本。随着 5G 网络、物联网设备、VR 设备等移动终端的发展，各种终端多种形式访问慢直播具备可能性，场景应用也将进一步丰富。

总而言之，面向融合时代的慢直播，未来可期。

笔者
2023 年 6 月